Hugo Ulbrich

Über Calderons Schauspiel

Die Kirchenspaltung von England

Hugo Ulbrich

Über Calderons Schauspiel
Die Kirchenspaltung von England

ISBN/EAN: 9783743489349

Hergestellt in Europa, USA, Kanada, Australien, Japan

Cover: Foto ©Suzi / pixelio.de

Manufactured and distributed by brebook publishing software
(www.brebook.com)

Hugo Ulbrich

Über Calderons Schauspiel

Ueber

Calderon's Schauspiel

Die Kirchenspaltung von England.

Mit

der deutschen Uebersetzung des ersten Actes

in den Versmaassen und Reimweisen des Originals.

Von

Hugo Ulbrich

Lehrer der Städtischen Realschule zu Crefeld

———∿∿∿∿∿———

Wissenschaftliche Beilage zum Programm der Städtischen Realschule in Crefeld 1863.

Crefeld, 1863.

Druck von Gustav Kühler.

Das Schauspiel Calderon's „la cisma de Ingalaterra", dessen erster Act, übersetzt in den Versmaassen und Reimweisen des Originaltextes, hier beigegeben wird, muss für deutsche Leser aus mehr als einem Grunde von besonderem Interesse sein. Es ist ein historisches Schauspiel und behandelt Ereignisse, die uns unendlich näher liegen, als alle diejenigen, welche in den übrigen historischen Dramen des Dichters dargestellt sind. Die Reformation Englands ist der grosse geschichtliche Hintergrund, aus welchem die Figuren des Stückes hervortreten: Heinrich VIII., der Cardinal Wolsey, die Königin Katharina, Anna Boleyn, Personen, die uns nicht nur aus der Geschichte, sondern auch durch Shakespere's Heinrich VIII. bekannt sind. Wir sehen somit den katholischen Dichter der Reformation, den Genius Spaniens dem englischen Wesen, den grössten Romantiker der nüchternen Wahrheit der Geschichte gegenüber. Wir sehen ausserdem den grössten Theaterdichter der Romanen neben dem grössten Dichtergenius der germanischen Stämme, beide demselben Gegenstande zugewendet, beide mit der künstlerischen Darstellung derselben historischen Charaktere beschäftigt.

Schon 1819 hat Friedrich Wilhelm Valentin Schmidt in einer besondern Schrift: „Ueber die Kirchentrennung von England, Schauspiel des Don Pedro Calderon de la Barca" über unser Drama berichtet, die Handlung des Stückes erzählt, auch manches Einzelne in Form und Inhalt Bemerkenswerthe erklärend hervorgehoben. In Frankreich hat Damas-Hinard das Stück übersetzt und mit einer erläuternden Einleitung versehen (Chefs d'oeuvre du théatre espagnol. Paris 1843). Eine deutsche Uebersetzung ist mir nicht bekannt, auch in dem von Leopold Schmidt herausgegebenen werthvollen Buche: „Die Schauspiele Calderon's, dargestellt und erläutert von Friedr. Wilh. Val. Schmidt" (Elberfeld, Friderichs, 1857) keine solche angezeigt. Ich habe daher den verehrten Freunden Glauben geschenkt, welchen dieser Uebersetzungsversuch zuerst mitgetheilt wurde, und welche mich überreden wollen, dass derselbe auch in weiteren Kreisen willkommen sein dürfte. Der Originaltext, den ich vor mir hatte, ist die Ausgabe der Werke Calderon's

von J. E. Hartzenbusch in der Biblioteca de Autores Espanoles von Rivadeneyra (Tomo segundo, Madrid 1855). *)
Die Kirchenspaltung von England ist urkundlich von Calderon selbst als seine Hervorbringung anerkannt worden. Das Stück findet sich verzeichnet als das 97ste der 109 Schauspiele, deren Verzeichniss Calderon in einem Briefe vom 24. Juli 1680 dem Herzog von Veragua übersandte, als dieser in einem Briefe vom 18. Juni 1680 den greisen Dichter ersucht hatte, durch ein solches Verzeichniss seiner Werke Unterschiebungen und Verfälschungen vorzubeugen. Es ist nicht unter den ersten 47 als gedruckt verzeichneten, welche in vier Theilen, der dritte Theil elf, die übrigen zwölf Stücke enthaltend, der erste Theil 1635, der zweite 1641, der dritte 1664, der vierte 1672 erschienen waren. Es findet sich auch nicht in einem fünften Theil, welchen Calderon hier ignorirt, von welchem aber der Herzog in seinem Briefe spricht, und welcher in der That 1677 von Antonio la Caballeria zu Barcelona herausgegeben worden war, es gehört daher wahrscheinlich zu der grossen Anzahl von Stücken, die erst nach des Dichters Tode von seinem Freunde Vera Tásis y Villarroel sorgfältig gesammelt und durch den Druck veröffentlicht wurden. Vera Tásis veranstaltete so die erste und zuverlässigste Gesammtausgabe der Schauspiele Calderon's, welche 108 Stücke enthält und in neun Theilen zu Madrid von 1682

---

*) Don Juan Eugenio Hartzenbusch, geboren am 6 September 1806 zu Madrid, gegenwärtig wohl der bedeutendste Dichter Spaniens, ist, wie schon sein Name zeigt, deutscher Herkunft. Sein Vater war in Madrid Möbelschreiner. Seine Mutter starb schon 1808 in Folge eines Schreckens. Sie trat an's Fenster, als Viguri, früher Intendant der Havannah, als Anhänger Josephs in der Strasse ermordet wurde. Ein Ausruf des Mitleids entfährt ihr beim Anblick des Unglücklichen und wird durch eine wilde Drohung von der Menge beantwortet. Einen Monat später gebar sie ihren zweiten Sohn, verfiel in Wahnsinn und starb nach wenigen Wochen, verfolgt von den Bildern und der Angst jener Schreckensscene. Ihre Söhne wurden mit Sorgfalt, aber in grosser Einfachheit und Zurückgezogenheit von dem Vater erzogen. Hartzenbusch besuchte zwei Jahre die lateinische Schule, bildete sich dann weiter als Autodidakt und schrieb seine ersten Theaterstücke als Stenograph unter angenommenem Namen. — Verfasser zahlreicher poëtischer, besonders dramatischer Werke, hat er sich zugleich als Gelehrter hochverdient gemacht. Man verdankt ihm, ausser vielen werthvollen Abhandlungen, die beste und vollständigste Ausgabe der Schauspiele Calderon's und Alarcon's, vier Theile ausgewählter Schauspiele Lope de Vega's und eine Auswahl der Schauspiele des Tirso de Molina. Seit 1847 Mitglied der spanischen Akademie, geniesst er den Ruhm eines genialen und fruchtbaren Schriftstellers, eines tüchtigen Gelehrten und eines vortrefflichen Charakters. — Deutscher Herkunft ist auch eine andere literarische Grösse des gegenwärtigen Spaniens, Fernan Caballero, mit wahrem Namen Cecilia Arrom, geborene Böhl von Faber, hauptsächlich durch ihre Mährchen und Dorfgeschichten berühmt.

bis 1698 erschienen ist. Dass nicht dennoch unser Stück schon zu Lebzeiten des Dichters gedruckt worden sei, ist durchaus nicht unmöglich. Welches aber der Werth solcher Drucke war, darüber belehrt uns die Art und Weise, wie Calderon in der Vorrede zu seinen Autos jenen fünften zu Barcelona herausgegebenen Theil seiner Schauspiele erwähnt. Er nennt ihn ein schmähliches Plagiat und einen seiner Dichterehre angethanen Schimpf. „Von den zehn darin veröffentlichten Stücken", sagt er wörtlich, „sind vier nicht von mir, ja, ich könnte sagen, nicht ein einziges, so unvollständig, verfälscht und fehlerhaft sind alle." Aehnliche Klagen äussert er in seinem Briefe an den Herzog, selbst in seine Schauspiele sind sie oft gelegentlich eingestreut. Es war das allgemeine Leid der Schriftsteller jener Zeiten. Trotzdem jedes Buch gesetzlich nur mit königlichem Privilegium, und in Spanien nur mit der Approbation der Inquisition versehen, veröffentlicht werden durfte, war doch der Nachdruck so verbreitet, dass das literarische Eigenthum fast rechtlos schien, und thatsächlich der Freibeuterei der Buchhändler Preis gegeben war, welche einen berühmten Namen auf dem Titelblatt als Fabrikzeichen brauchten, um dadurch ihre Waare, gleichviel wie weit echt oder unecht, mit Vortheil auf den Markt zu bringen.

Die Entstehungszeit unseres Drama's lässt sich nicht genau bestimmen. Die, trotz manches für unser Ohr fremdartig klingenden Schmuckes, meisterhafte Sprache, gleich entfernt von der Ueberfeinerung (estilo culto) der Jugenddramen, wie von der kalten Eleganz der Werke des späten Alters, die feste Zeichnung der Charaktere, der eigenthümliche, gedankenreiche Humor, welcher auf den Gang der Ereignisse dann und wann unheimliche Blitze wirft, Alles scheint die Meinung zu rechtfertigen, dass wir ein Werk des gereiften Mannes vor uns haben. Zur Unterstützung dieser Meinung könnte man anführen, dass Calderon in seinem oben erwähnten Verzeichniss unser Drama nicht unter den gedruckten Schauspielen. und dass er es erst gegen das Ende aufzählt. Dies wäre jedoch ein trüglicher Beweis. Denn einerseits gibt es viele Stücke, die erweislich früh geschrieben und nicht in jenen vier Theilen gedruckt worden sind, wie „der wunderthätige Magus" (El magico prodigioso), 1637 für das Frohnleichnamsfest der Stadt Yépes verfasst; andererseits ist das Verzeichniss überhaupt nicht chronologisch geordnet. „Der Richter von Zalamea" (El alcalde de Zalamea), schon 1651 zu Alcalá gedruckt, steht erst hinter unserem Drama verzeichnet, dagegen steht viel früher das erweislich letztverfasste Stück des Dichters

„Loos und Spruch Leonido's und Marfisa's" (hado y divisa de Leonido y Marfisa), zur Hochzeitsfeier Carls II. mit Marie Louise de Bourbon am 3. März 1680 bei Hofe aufgeführt. Höchst wahrscheinlich ist, dass die Kirchenspaltung von England vor 1651 geschrieben ist. In diesem Jahre nämlich trat Calderon in den geistlichen Stand, wie es fast alle grossen spanischen Dichter der damaligen Zeit bei heranrückendem Alter zu thun pflegten, und schrieb fortan nur noch Frohnleichnamsspiele (autos) und Hofschauspiele (fiestas reales). Beweis dafür ist ein Brief des Dichters vom Jahre 1652, dessen Copie in der Madrider Nationalbibliothek aufbewahrt wird und in der Ausgabe von Hartzenbusch (t. IV. pag. 676) abgedruckt ist. Calderon erklärt darin, seine dichterische Thätigkeit fortan in der erwähnten Weise beschränken zu wollen. Ein anderer Beweis findet sich in dem 1664 veröffentlichten Lustspiel Moreto's „Gelegenheit macht Diebe" (La ocasion hace al ladron), in welchem Calderon namentlich erwähnt wird als Schauspieldichter, der in höherem Auftrage für den Hof schreibt, nur dann und wann von sich hören lässt, aber durch Geist und Neuheit der Erfindung sich selbst übertrifft *). Die Kirchenspaltung von England ist weder ein Auto, noch ein höfisches Festspiel, daher also wahrscheinlich vor 1651 entstanden **). Folgendes ist der Inhalt des Stückes :

Nachdem wir im ersten Act gesehen haben, wie König Heinrich seinen theologischen Studien durch die plötzlich ausbrechende Leidenschaft zu Anna Boleyn entrissen wird, wie Cardinal Wolsey mit den Plänen seines unersättlichen Ehrgeizes seine Rachepläne gegen die Königin Katharina

---

*) Muy pocas (comedias) vemos
Sino cual y cual de alguno
Que por superior precepto
Escribe para Palacio; — — —
— — — — — —
　　　Ese es Calderon.

**) Da Calderon nach seiner eigenen Aussage am 17. Januar 1600 zu Madrid geboren wurde (in dem Kirchenbuche der Parochie San Martin hat man seine Taufe unter dem 14. Febr. 1600 eingetragen gefunden) und am 25. Mai 1681 starb (das Datum seiner Beerdigung im Kirchenbuch San Salvador ist der 26. Mai 1681), so gehört unser Stück wohl sicher der Mitte und dem Höhepunkte seines Lebens an. Sein erstes, verloren gegangenes Drama „Elias oder der Himmelswagen" (El carro del cielo ó San Elias) soll er mit 13 Jahren geschrieben haben. Das früheste uns erhaltene Stück: „In diesem Leben ist Alles Wahrheit und Alles Lüge" (En esta vida todo es verdad y todo mentira) ein Seitenstück zu „Das Leben ein Traum", ist eine fiesta real vom Jahre 1622, der Gegenstand derselben, wie in Mira de Mescua's „Glücksrad" (La rueda de la fortuna) 1616 und Corneille's „Héraclius" 1647.

verbinden will, und Anna Boleyn, unter dem Schein knechti-
scher Demuth, voll maasslosen Stolzes, der höchsten Gunst
entgegengeht, zeigt uns der zweite Act, wie Heinrich, von
des Cardinals Einflüsterungen geleitet, seine fromme und
getreue Gemahlin verstösst, und Anna Boleyn durch Verrath,
Treubruch und den schwärzesten Undank auf den Thron
gelangt. Der König gesteht dem Cardinal seine wahnsinnige
Liebe (Sc. 1.), als Pasquin dazu kommt und verwundert
fragt, wie ein König, der Allen gebiete, traurig sein und
seinen traurigen Gedanken nicht gebieten könne. Das erinnert ihn an ein Geschichtchen von einem Philosophen,
den ein Soldat fragte, ob er auch schon den Kaiser gesehen
habe. Der Philosoph erwiedert: „Ist's denn nicht ein Mensch?
Was thut's dann, ob ich ihn seh' oder dich?" Zum Beweise,
dass der Kaiser nur ein Mensch ist, heisst er den Soldaten
das kleinste Blümchen vom Anger pflücken, es dem Kaiser
bringen und ihn bitten, ein einziges solches Blümchen zu
machen. Er wird es nicht vermögen. So, meint Pasquin,
vermag auch König Heinrich nicht lustig zu sein, wenn er
will, obgleich die Lustigkeit ein so feiles und gemeines
Gut, dass sogar bei halbverhungerten und nackten Land-
streichern man sie finden kann. Die Spitze des Gedankens
erinnert an König Heinrich IV. Selbstgespräch bei Shakespere
(H. IV. 2. Th. Act III. Sc. 1). In beiden Fällen wird uns
die Ohnmacht königlichen Glanzes gegen die Gebrechen
der Menschennatur, gegen Kummer und Leidenschaft vor
Augen gestellt. Wolsey sieht die Königin herankommen mit
ihren Hofdamen, mit Margaret Pole, die dem König zuwider,
mit J. Seymour, mit Anna Boleyn. Voll Entzücken über die
Nachricht verspricht Heinrich dem Cardinal zu gewähren,
was er sich wünscht. Wolsey bittet, dass er Leo's X., der
eben gestorben, Nachfolger werde. Heinrich verspricht seine
Mitwirkung. Die Königin (Sc. 3) unterdess hereingetreten,
bietet dem Könige ihre eignen und ihrer Damen Künste an,
um ihn aufzuheitern. Johanna Seymour singt, Anna Boleyn
tanzt vortrefflich, Margaret Pole versteht zu dichten und zu
declamiren, die Infantin Maria ist in scholastischer Gelehrsamkeit erfahren, die Königin selbst ist vieler Sprachen
kundig; Heinrich soll wählen, was ihm gefällt. Er flüstert
Wolsey ins Ohr: ein Tanz mit Anna. Die Königin, entrüstet über die Heimlichkeit und vertrauliche Unterhaltung
mit dem Cardinal, heisst diesen sich entfernen. Wolsey ge-
horcht mit dem verstärkten Vorsatz sich zu rächen. Der
König bittet um ein Lied (Sc. 4) und J. Seymour singt eine
alte Weise, ein Liedchen (letra) schwärmerischer Liebe voll:

Eine Hölle soll uns beiden
Stolzer Wonne Stätte sein,
Dir, zu sehen meine Pein,
Mir, zu seh'n, du siehst mich leiden.

Weil es Heinrich gefällt, spricht die Königin eine Glosse
dazu. Die Reihe kommt an Anna Boleyn. „Was sollen sie
aufspielen?" fragt Pasquin. „Die Gallarda" antwortet sie,
und der König schwebt mit dem Weib, das ihn bezaubert,
durch den Saal. Mit koketter List fällt Anna zu seinen
Füssen, liebestrunken hebt er sie zu sich empor. Da meldet
(Sc. 5) Thomas Boleyn den Gesandten Frankreichs an. Durch
Vermittlung der Königin (Sc. 6) erhält Carlos endlich Gehör
und bittet um die Hand der Infantin für den Prinzen von
Orleans. Der König verspricht, den Antrag reiflich zu über-
legen. Als Alle gegangen sind, kommt Wolsey allein (Sc. 7)
und äussert seinen Aerger über seine vereitelten Pläne. Die
Königin hat seinen Plan, Frankreichs Fürsten länger hinzu-
halten, vereitelt. Karl V. hat seinen Lehrer Adrian zum
Pabst gemacht. Als des Kaisers Tante soll es Katharina
büssen, als glücklicher Nebenbuhler soll der Pabst es empfinden, wenn England dem rechten Glauben abtrünnig wird.
Anna Boleyn kommt zur gelegenen Stunde.

Wie sie ihm begegnet (Sc. 8), begrüsst der schlaue Cardinal sie als Majestät und bittet dann wegen seiner Zerstreuung
um Entschuldigung. Anna findet keinen Anlass zu solcher
Bitte. Ihr maassloser Hochmuth ist dem Cardinal eine will-
kommene Entdeckung. Er verspricht sie zur Königin von
England zu machen, wenn sie schweigen und sich verstellen
kann. Anna lacht ob der geringen Forderung. Als Anna
Boleyn kann sie schweigen, als Weib kann sie sich verstellen.
Sie schwört Wolsey's Pläne stets zu fördern. Wollte sie
je ihm schaden, solle der Himmel ihr Glück in jammervolles
Elend wandeln, solle sie sterben durch Henkershand, vom
Throne gestürzt und von ihrem Gemahl verstossen. Wolsey
entfernt sich, als er hört, dass der König kommt. Anna
tröstet sich damit (Sc. 9), dass ihr Ehrgeiz und ihr Verrath
an Carlos ihrer Weiblichkeit zur Last falle. Es folgt nun
eine Scene (Sc. 10) voll der höchsten Kunst und Leidenschaft.
Mit leidenschaftlicher Gluth gesteht der König Anna seine
Liebe, bittet um die Gunst, ihre schöne Hand zu fassen. Anna
weist ihn zurück. Ihre Ehre fordert es. Wenn den König
die Liebe zu ihr führt, eine Flamme ist die Liebe, eine
Flamme, die verzehrt. Nicht, als ob sie ihn verachte. „O
wärst du ein Mann von niedrem Stand und Namen", sagt
sie „wie würd' ich schätzen dich und lieben, deine Gattin
wär' ich dann, würde dich als Gattin lieben." Doch sie ist
Vasallin. Besser d'rum, dass sie geht und stirbt. Diese

fausse sortie reizt nur noch mehr des Königs Leidenschaft.
Sie würde aus Liebe zu ihm hinabsteigen, wenn er ein ge-
meiner Mann wäre, warum nicht aus Liebe zu ihm em-
porsteigen, nun er König ist? „Deine Gattin dürft' ich
werden, nimmer deine Buhlerin", ist ihre feste Antwort.
Das ist unmöglich, Heinrich ist vermählt. Anna geht, aber
ihr Lebewohl ist so zärtlich, so verlockend, so sirenenhaft,
dass der König, dem Wahnsinn nahe, ihr nachblickt, als
Wolsey (Sc. 11), der Versucher, zu ihm tritt. Grimmer
Schmerz verlangt auch grimme Heilmittel, meint der Cardinal. Aus blosser Loyalität will er offen reden, auf die
Gefahr hin, sein Leben zu verlieren, um des Königs Leben
zu retten, „denn durch ein ungerecht Gesetz darf man den
Kön'gen nicht die Wahrheit sagen". Die Heirath mit
Katharina ist ungiltig, weil sie seines Bruders Weib gewesen. Darum sei sie verstossen. Wenn nur der König
es will, wird das Parlament bereit sein, die Ehe für nichtig
zu erklären. Heinrich gestattet Wolsey, es alsbald zu berufen, kann doch in manchen Entschlüssen die Eile nach-
träglich als Entschuldigung gelten. Wolsey geht triumphi-
rend. Er hat gewonnen Spiel und wird es einzurichten
wissen, dass Heinrich, auch wenn er will, nicht mehr zurück
kann. Der König bleibt (Sc. 12) und hält ein wunderbares
Selbstgespräch. Medea's Worte: „Video meliora proboque,
deteriora sequor" sind der Grundton seiner Rede. Das
Höllenfeuer, das in seinem Busen brennt, verwirrt seinen
Verstand, dass er die Wahrheit leugnet und die Lüge glaubt.
Die Ehe ist nicht ungiltig, weder nach der Schrift noch
nach Gesetz und kirchlicher Satzung. Hat doch der grosse
Patriarch Juda seinem zweiten Sohne geheissen, Thamar,
Hers, des ersten Sohnes, Wittwe, zu heirathen. War es
doch geboten, dass nach des Mannes Tode die kinderlose
Frau sich mit ihres Mannes Bruder vermählte, und hat
doch der Pabst, als Stellvertreter Gottes, das unbestreitbare
Recht des Dispenses, wäre wirklich ein Hinderniss vorhanden gewesen. Und dennoch soll Katharina, die fromme,
getreue, dulden und Schmach leiden. Ja, denn es ist Verhängniss. Der Dämon der Leidenschaft verlangt es, die
Unglückssterne walten. Der Himmel wird Katharina's Unschuld rächen an dem König, an ihrer Nachfolgerin. Der
Narr (Sc. 13), welcher mit seinen Schwänken kommt, ent-
reisst den König nicht seinem Grübeln. Unrecht thun oder
Unrecht lassen, beides scheint ihm unerträglich, tödtlich.
Sei der Tod d'rum der Tod nach dem Genuss. Bald ist
das Parlament versammelt (Sc. 14). Heinrich erklärt, sich
scheiden zu müssen von seiner Gemahlin. Sein Gewissen

verlangt es. Wer dagegen ist, dem wird er den Kopf abschlagen lassen. Mit rührender Beredsamkeit vertheidigt sich Katharina. Der König wendet ihr den Rücken und entfernt sich mit Wolsey. Carlos will die Nachricht sogleich nach Frankreich bringen. Die Königin bleibt und umarmt die Infantin, da kehrt Wolsey wieder, trennt sie mit harten Worten und führt die Infantin mit sich fort. Rathlos, trostlos steht die Königin da. Unmöglich, dass Heinrich auf seinem Spruche beharrt. O, wer es wüsste, ihm die Augen zu öffnen, das rechte Wort zu seinem Herzen, die rechten Gründe zu seinem Verstande zu sprechen! Sie wendet sich an Thomas Boleyn, den vielerprobten Rath. Er will sein Leben nicht an des Königs Wahnsinn wagen und geht. Sie spricht zu Anna, die sich ihr Geschöpf genannt. Sie kehrt ihr kalt und stumm den Rücken zu und geht. Nur Margaret Pole harrt bei ihr aus und von ihr begleitet verlässt sie den Palast mit den Worten:

> Königspalast, sturmgepeitscht,
> Meer, voll Trug und Missgeschick,
> Sarg, behängt mit goldnem Tuche,
> Grab, wo Majestät in Staub
> Umgewandelt aufbewahrt wird,
> Todtengruft für Lebende,
> Hof und ganzes Land, der Himmel
> Wache für Euch: Dir, mein Heinrich,
> Möge Gott die Augen öffnen!

Im dritten Act vollzieht sich das Verhängniss und rächt sich die Schuld. (Sc. 1) Carlos war nach Frankreich zurückgekehrt, wo sein Vater gestorben. Von jeder Rücksicht befreit, mit seiner Familie im Einverständniss, kommt er nach England, um sich mit Anna zu vermählen. Da erzählt ihm sein Vertrauter Dionis, dass sie des Königs Gemahlin. Verzweifelnd beschliesst er, London zu verlassen, nachdem er Anna noch einmal gesehen, noch einmal gesprochen. (Sc. 2) Er geht dem Cardinal aus dem Wege, welcher zwei Soldaten fortweist, die ihm Bittschriften überreichen. Pasquin kommt dazu und erzählt, dass er des Cardinals Beerdigung geträumt und was der Mönch da für ein kleiner Vogel gewesen in der weiten Gruft (Wortspiel mit capilla = Kapelle, Schwarzrock und Schwarzköpfchen sylvia atracapilla). Wolsey jagt ihn erzürnt aus dem Palaste und verbietet ihm, jemals wieder zu kommen. (Sc. 3) Anna, von dem Cardinal um die erledigte Präsidentschaftsstelle des Reiches gebeten, erklärt, dass ihr Vater sie bereits erhalten. Wolsey ist entrüstet darüber. Er musste den Vorrang haben. Thomas Boleyn gab ihr das Leben, er hat ihr die Krone gegeben, und sie hat ihm geschworen nicht undankbar zu sein. (Sc. 4.)

Anna beschliesst, sich des lästigen Vormundes zu entledigen. (Sc. 5.) Der König bringt ihr einen Brief von Katharina, ohne ihn gelesen zu haben. Anna wünscht, dass er ihn lese und mild beantworte. Als Beweis seiner Liebe will Heinrich die Infantin Maria vom Hofe wegschicken, dass sie die Verbannung ihrer Mutter theile. Anna möchte den Brief Heinrichs an Katharina sehen, um Gift hinein zu thun. Noch eine andere Person sähe sie lieber von dem König fern. Der König fragt wen? und verspricht ihr zu willfahren. Es ist der Cardinal Wolsey. (Sc. 6.) Die verzagten Soldaten und Pasquin erscheinen bittend vor dem Könige und klagen über Wolsey's Anmaassung. Der Cardinal kommt dazu und geräth in höchsten Zorn über die Zudringlichkeit der Abgewiesenen. Streng erwidert der König, die Leute thäten recht, und zur Abhülfe ihrer Beschwerden überlässt er ihnen des Cardinals Paläste zur Plünderung. Von den Soldaten und dem Narren verspottet (Sc. 6), sieht sich Wolsey gestürzt, in seiner eigenen Klugheit gefangen. „Der Weise gelangt zur Herrschaft über die Schicksalssterne" waren seine vermessenen Worte gewesen, und die Sterne haben doch Recht behalten. Ein Weib hat ihn gestürzt, nicht die Königin Katharina, sondern sie, die ihn vor dem Sturze schützen sollte, und die ihm ew'ge Dankbarkeit geschworen. (Sc. 9.) Traurig lebt indess Katharina in ihrer Verbannung. Margaret Pole bringt sie dazu, sich in den Fluren zu ergehen und überreicht ihr eine von dem Cardinal Pole insgeheim gesandte kostbare goldene Kette. „Sing' mir das Lied, für mich gemacht, das alte Liedchen, wie du pflegst", bittet die Königin. Und Margaret singt:

> Blumen, lernt von mir, wie sich
> Gestern gibt dem Heut' zur Beute:
> Gestern war ein Wunder ich,
> Kaum ein Schatten bin ich heute. *)

(Sc. 10.) Da kommt, in ärmlicher Kleidung umherirrend, Wolsey heran und hört den Gesang, „auch für ihn gemacht", der gestern ein Wunder war und heute kaum sein Schatten ist. Er klagt den verschleierten Damen, die ihn erkennen, sein Leid und seine Schuld. Gerührt reicht ihm die Königin die goldene Kette zum Geschenk. Auf sein Bitten entschleiern sich die Damen und er steht betroffen. Da nahen sich Leute. Wolsey glaubt ihm nachgeschickte Häscher zu erkennen und stürzt sich verzweifelt von dem nächsten Felsen. (Sc. 11.) Ein königl. Hauptmann

---

*) Die Schauspiele Calderon's von L. Schmidt S. 304.

überbringt der Königin den verhängnissvollen Brief. (Sc. 12.)
Despotenfurcht und Eifersucht lassen unterdess dem König
keine Ruhe. Die Wände haben ihm nicht Ohren genug.
Er stellt sich selbst hinter den Vorhang und lauscht, als
(Sc. 13) Carlos zu Thomas Boleyn sagt, er komme aus
Frankreich zurück, um am Hofe Heinrichs Schutz zu suchen.
Als (Sc. 14) die Königin erscheint, bittet er sie um Hilfe
und Rath, um ein treulos entwendetes Gut wieder zu gewinnen.
(Sc. 15.) Anna sendet ihr Gefolge fort. Allein geblieben
mit Carlos, versichert sie ihm, dass sie nicht aufgehört habe,
ihn zu lieben, dass Heinrich ihr verhasst sei, dass nur der
Glanz der Krone sie vermocht, sein Weib zu werden. Carlos
will nicht länger ihre Falschheit hören, will wie Ulysses
eine solche Circe fliehen, und gibt ihr ihre Liebesbriefe zurück. (Sc. 16.) Der König hat entsetzt der Unterredung
zugehört. Als Beide fort sind, tritt er hervor, findet am
Boden einen entfallenen Brief, den Beweis von Anna's Treu-
losigkeit und (Sc. 17) gibt sogleich einem Officier den Befehl, die Königin zu verhaften und in den Tower zu führen.
(Sc. 18.) Ihrem Vater, nun chief justice of the realm, überreicht er den gefundenen Brief als Anklageacte. Thomas
Boleyn gelobt, Gerechtigkeit zu üben, auch gegen sein
eigenes Blut. (Sc. 19.) Anna eilt zum König, als sie ver-
haftet werden soll. Der König erklärt die Verhaftung als
seinen Befehl und zeiht sie ihrer Schmach und Schuld. Da
sieht sie, dass ihr Glück dahin, ihr thöricht Glück, das wie der
Mandelbaum zur Unzeit blühte, und nun dem Wintersturm
erliegen muss. Thomas Boleyn befiehlt, das Todesurtheil
an ihr zu vollstrecken. (Sc. 20.) Zerknirscht und reuevoll
gedenkt Heinrich der verstossenen treuen Gemahlin und
seiner Tochter Maria. Er will sie zurückkehren lassen, sie
wieder einsetzen in Macht und Ehre. Da erscheinen (Sc. 21)
Margaret Pole und die Infantin vor ihm in Trauer. Die
fromme Königin ist nicht mehr, nur die Tochter bleibt ihm,
seine Sinneswandlung an ihr zu beweisen. Auch was er gegen
die Kirche begangen, ist unmöglich wieder gut zu machen.
Vergebens wendet er den Blick nach oben zu der Seligen,
die durch ihn zum Märtyrer ihrer Treue und ihres Glaubens
geworden. Sühnen will er jedoch sein Unrecht, so weit er
kann. Maria soll seine Krone und Philipps II. Hand erhalten. Als der Thronerbin soll das Volk sogleich ihr huldigen. (Sc. 22.) Thomas Boleyn kommt die Vollstreckung des
Urtheils zu melden. Der König heisst ihn, das Volk zur Huldigung berufen. (S. 23.) Er sammelt sich und sucht ruhig zu
scheinen vor den Menschen. (Sc. 24.) Mit der Infantin am
Arm schreitet er durch den Saal zum Thron, an dessen

Stufen der verhüllte Leichnam Anna Boleyn's liegt. Ueber ihn hinweg steigen sie empor. Das Volk wird aufgefordert, der Infantin als Thronerbin zu huldigen. Maria wird gefragt, ob sie die Huldigung annimmt, mit der Bedingung, die eingeführten religiösen Zustände nicht zu ändern. Sie widerstrebt. Margaret Pole redet ihr zu, sich zu verstellen und die Zeit der Herrschaft abzuwarten, ehe sie mit ihrer Gesinnung hervortritt. Die Infantin antwortet endlich: Ich nehme an, indem sie für sich hinzufügt: „ohne sie", ohne jene Bedingung. Mit dem Missklang dieses Vorbehaltes schliesst die Handlung. Pauken und Trompeten antworten der Infantin. Alles Volk jubelt.

Und so endet hier das Schauspiel
Vom gelehrten Stümper Heinrich
Und dem Tod der Anna Boleyn.

Die Quelle für diese Darstellung ist, wie F. W. Val. Schmidt angibt, das Buch eines eifrigen Katholiken: Nicolai Sanderi de origine ac progressu schismatis Anglicani libri tres. (N. Sander nahm als Anführer in Irland an einem missglückten Aufstande gegen Elisabeth Theil, 1583, musste flüchten und verhungerte im Walde.) Schon den Titel hat also Calderon daher entlehnt, ebenso die Verlobung Anna's mit Carlos und den Umstand, dass Anna den Brief an die Königin vergiftet. Die Verleumdung desselben Buches, dass Heinrich VIII. Anna's Vater gewesen, scheint ihm doch zu stark gewesen zu sein. Ebenso wenig macht er Gebrauch von der Behauptung des Cardinals Reginald Pole, in dessen damals vielgelesenem Buche „De unitate ecclesiae", dass Heinrich zuerst die ältere Schwester Anna Boleyn's verführt und, als er deren überdrüssig geworden, sich zu der jüngeren mit seinen Anträgen gewandt habe. Diese züchtige Dame (pudica mulier) sei klug genug gewesen, die unsichere Stellung einer Geliebten der einer Gemahlin vorzuziehen. (Die Widerlegung findet sich in Froude's history of England from the fall of Wolsey etc. Vol. IV. Append.) Unbestreitbar ist, dass Anna ein Verlöbniss gebrochen hat, obgleich nicht feststeht, mit wem. Eine solche Untreue war damals um so mehr von Gewicht, als Verlöbnisse gesetzlich bindende Kraft hatten, und sobald sie vorhanden waren, jede andere Verbindung ungiltig wurde. Lord Herbert und Cavendish (life of Wolsey) erzählen, dass Lord Percy, ältester Sohn des Lord Northumberland, Anna's Bräutigam gewesen sei. Er hat es aber im Verhöre während des Prozesses der Königin standhaft geleugnet. Ein in Cromwell's Papieren aufgefundener namenloser Brief an einen Mr. Melton enthält die Bitte, Mistress Anna an die Unauflöslichkeit ihres Versprechens zu erinnern. Anna's eigenes Geständniss vor Erzbischof Cranmer, dass ein solches Verhältniss existirt hat, bleibt jedoch der Hauptbeweis. Geschichtlich ist auch ihr Aufenthalt in Frankreich. Sie kam, sehr jung, bereits 1514 dahin, in Begleitung der Prinzess Maria, als diese mit Ludwig XII. vermählt wurde, und kehrte erst 1525 als Ehrendame der Königin Katharina nach London zurück. Niemand wird behaupten wollen, dass der Hof Franz I., dessen Schwester das Heptameron schrieb, dass eine Gesellschaft, deren Leben und Treiben in den frivolen Erzählungen Despérier's und in den witzig leichtfertigen Epigrammen Cl. Marot's sich spiegelt, eine besondere Erziehungsstätte ehelicher Tugend gewesen sei. Auch nach allen ihr günstigen Berichten scheint der Charakter Anna Boleyn's viel Esprit und Liebenswürdigkeit mit einer Art französischen Epikuräismus verbunden zu haben. Sie legte Werth auf eine gute Schüssel, und nach Wyatt's Beschreibung, scheint ihre äussere Strenge auf junge Männer nicht viel mehr Eindruck, als ein „süsses Nein" der leicht geschürzten Muse Cl. Marot's gemacht zu haben*). Sie würde ungekrönt wahrscheinlich stets eine beliebte und glänzende Hofdame geblieben sein, von Anbetern umringt, Liebesintriguen nicht abgeneigt, vielleicht selbst ein Gegenstand manches pikanten Anekdötchens, wie sie von jeher eine Würze der Unterhaltung für die vornehme Welt gewesen sind. Sie stieg auf den Thron und wurde für die Einen ein solcher Engel, dass man nicht umhin kann, ihre Tugenden, für die Andern ein solches Scheusal, dass man sich getrieben fühlt, alle ihre Fehler zu bezweifeln. Dass sie aber ein ganz unschuldiges Opfer der Tyrannei Heinrichs gewesen sei, ist eine Ansicht, welche doch mehr und mehr an Boden verliert. Sie hat ihre Fehltritte grausam gebüsst; aber der rührende Brief, welchen sie aus dem Gefängniss an den König schrieb, selbst wenn seine Authenticität für immer unangetastet bleibt, ist schwerlich ausreichend, das Verdict einer Jury zu entkräften und das Urtheil eines Gerichtshofes, in welchem die ersten Lords des Reiches, Anna's eigener Vater und ihr Onkel sassen. Sie mag in ihrer Ehe mit Heinrich sehr unglücklich gewesen sein, und es sind Spuren genug vorhanden, dass diese Ehe in der That keine glückliche gewesen ist; das beweist weder ihre Unschuld noch Heinrichs Schuld, aber es macht die Gefahr, der Versuchung zu unterliegen, gross für eine Frau, deren Gemüth von frühester Jugend an das Ideal leichten

---

*) Un doux nenny avec un doux sourire etc.

Lebensgenusses gewiss viel näher gestanden hat, als das Ideal strenger, dornenvoller Entsagung. Auch ihr Verhältniss zu Wolsey ist nicht ganz erfreulicher Art, und ihre spätere Feindschaft und Gehässigkeit gegen den Cardinal contrastirt unangenehm mit ihrer anfänglichen Unterwürfigkeit und Versicherung ewiger Liebe und Dankbarkeit (Froude I. 83 etc. II. 286 etc. Leipzig, Brockhaus, 1861).

Welches aber auch das endgiltige Urtheil über diese Dinge sein mag, in keinem Falle scheint es mir gerechtfertigt, aus der Darstellung Anna's Calderon einen Vorwurf zu machen oder, wie F. W. V. Schmidt, zu behaupten, er habe Elisabeth in ihrer Mutter herabsetzen wollen. Shakespere hat allerdings der Elisabeth in seiner Darstellung der Anna Boleyn gehuldigt, obgleich das Stück erst nach ihrem Tode, 1613, aufgeführt worden ist. War die grosse Königin doch der Mittelpunkt der neuen Zeit Englands, war ihr Reich doch die Zeit geregelten Wachsthums und glänzender Ernte all der Saat, die zur Zeit ihres Vaters in wilder, regelloser Ueppigkeit hervorgesprosst war, war doch der Ruhm ihrer Regierung und der Dichterruhm Shakespere's untrennbar verbunden. Aber welchen Grund hätte Calderon gehabt, grade den Hass gegen Elisabeth zur Triebfeder seiner Dichterkraft zu machen, wo ihm andere Motive viel näher lagen? Als patriotischer Spanier konnte er Elisabeth schwerlich mit anderen Augen ansehen, als patriotische Deutsche den ersten Napoleon. Spanien hatte sich von den Schlägen jener Kriege noch nicht erholt, und wenn die Halbinsel selbst nicht unterworfen worden war, so waren doch seine Provinzen abgefallen, seine Suprematie für immer verloren gegangen. Aber in dem ganzen Stücke ist nicht die geringste Anspielung auf die Kriege mit Elisabeth, die übrigens auch für Calderon viel weiter in der Vergangenheit lagen, als für Shakespere. Es geschieht einer Tochter Anna's auch nicht die geringste Erwähnung. Man sollte vielmehr glauben, dass Maria's vorhergesagte Reaction dem Strome, den Heinrich VIII. nicht mehr einzuhalten wagt, wirklich ein Ziel setzen werde. Jedem Leser ist wohl auf den ersten Blick klar, dass in Anna Boleyn nicht Elisabeth, sondern die Reformation in ihrem Principe von dem Dichter verunglimpft wird. Die Gestalt ist deshalb nicht weniger bewundernswerth. Sie besitzt, was nur die grössten Dichter ihren Gestalten mitzutheilen wissen, das Dämonische der Leidenschaft. Mit ihrer Falschheit unter so unwiderstehlichen Reizen, ihrem unsäglichen Stolze unter so gleissender Demuth, ihrem Willen, den Nichts von dem als erreichbar erblickten Ziele ablenkt, nicht die Wonne des Himmels, noch

die Schrecken der Hölle, hat sie etwas von jener infernalen
Grösse, die uns an Milton's Satan zur Bewunderung zwingt.
Mit einer ähnlichen Bewunderung mochte der katholische
Dichter auf die Erfolge des Protestantismus blicken. Auch
der Abfall von der Kirche war in seinen Augen ein Ausfluss
jenes teuflischen Stolzes, der die Einflüsterungen der Eitelkeit
und Sünde über die klaren Gebote Gottes und die ewigen
Wahrheiten der Kirche setzt, der von aussen gleisst und
gewinnt, inwendig aber verderblicher Trug und höllische
Lüge ist. Trotz aller Humanität und freisinniger Denkart
innerhalb der Schranken, welche die Bildung seines Volkes
und seines Jahrhunderts dem Aufschwung seines Genius
setzte, steht Calderon den Andersgläubigen doch überall
mit der theologischen Ansicht gegenüber, dass die Wahrheiten des Glaubens so einleuchtend sind, dass nur eine
Verkehrtheit des Willens daran hindern kann, sie einzu-
sehen und anzunehmen. Das mag nach unseren Begriffen
eine Beschränktheit sein, aber es ist eine Beschränktheit,
die man schwerlich auf Rechnung des Dichters setzen darf.
Ihm daraus einen Vorwurf machen, scheint mir nicht viel
anders zu sein, als dem Dante vorwerfen, dass er sich die
Gestalt der Erde so eigenthümlich denkt, wie er sie uns
schildert, und nicht so rund und in beständiger Bewegung,
wie wir sie uns vorstellen. Freilich hatten jene Ansichten
auch auf die künstlerische Gestaltungskraft des Dichters
Einfluss. Sie waren Ursache, dass das eigentlich Tragische
und Erschütternde, so weit ihr Einfluss reichte, ihm abhanden
kam. Auch Anna Boleyn ist kein tragischer Charakter.
Niemand kann ihren Sturz bemitleiden. Sie wird gestürzt,
wie ein böses Princip, über das ein besseres den Sieg davon
trägt, wie Lucifer, wenn ihn der Erzengel überwältigt.
Daher auch ihre Isolirung. Sie steht ausser dem Bereich
alles dessen, was die Menschen zu einer sittlichen Gemein-
schaft verbindet. Das Band kindlicher Liebe hat ihr Stolz
zerrissen, das Band der Liebe, welches sie an Carlos fesselt,
tritt ihr Ehrgeiz mit Füssen. Sie erscheint nicht als Mutter,
sie will nur Königin sein, nur schrankenlos ihre selbst-
süchtige Willkür ausüben dürfen. Daher endlich auch jener
teuflische Mangel des Gewissens. Sie klagt nicht sich, sie
klagt ihr Schicksal an, als sie sich verloren sieht. Wie
ganz anders Shakespere, wenn er uns das Ende des teuflischen Richard III. schildert, jene Nacht vor der Schlacht
bei Bosworth, wo der König im Zelt erwacht und das Licht
blau brennt und sein Haar sich sträubt und all die Sünden
seines Lebens sich vor die Schranken des Gerichtes drängen, und alle wie aus einem Munde gegen ihn rufen:
Schuldig, schuldig!

Auch Wolsey's Charakter ist im Ganzen in Uebereinstimmung mit der geschichtlichen Ueberlieferung gezeichnet. Selbst der abergläubische Ursprung seines Hasses gegen die Königin Katharina ist historisch. Ranke theilt in seiner Englischen Geschichte I. S. 162 folgende Note mit aus Riccardus Scellejus de prima causa divortii. Catharina ita stomachata est, ut de Vulseji potentia minuenda cogitationem susciperet, quod ille cum sensisset, qui ab astrologo suo accepisset, sibi a muliere exitium imminere, de regina de gradu dejicienda consilium inivit. (Katharina nahm es so übel, dass sie den Gedanken fasste, Wolsey's Macht zu verringern, und sobald er dies merkte, beschloss er, sie vom Throne zu stürzen, da er von seinem Sterndeuter vernommen hatte, es drohe ihm von einem Weibe der Untergang.) Gegen die Geschichte ist Wolsey's Verbindung mit Anna Boleyn. Er war für die Scheidung aus politischen Gründen. Nicht Anna Boleyn, sondern die Schwester oder Tochter des französischen Königs wollte er an die Stelle Katharina's setzen und das Bündniss mit den Valois an die Stelle des Bündnisses mit dem Hause Habsburg. Gegen die Geschichte ist auch seine Begegnung mit Katharina. Er starb 1530. Dass er nach der päbstlichen Würde getrachtet hat, und zwar als Mitbewerber Hadrians, ist geschichtlich. Seine Leidenschaften und Gebrechen, wie sie Calderon schildert, sind entschieden menschlicher, als die Anna's, daher fehlt auch seinem Unglück nicht das Mitleid, obgleich ihm die Charaktergrösse fehlt. Seine edle Feindin wird tief gerührt beim Anblick so viel menschlichen Elends nach so vielem hoffärtigen Prunk und Glanz. Es ist die tragische Vergänglichkeit alles menschlichen Glückes und Strebens, die in jener Begegnung Wolsey's und Katharinens und in jenem Liedchen, das für Beide gemacht scheint, uns vor Augen tritt.

Von eigenthümlichem Interesse ist Heinrichs Charakter. Er ist die nothwendige Ergänzung zu der Erscheinung Anna's, die schwache Menschennatur, welche der Versuchung unterliegt, ohne sie aufzusuchen, welche vielmehr in der Sicherheit eitler Selbstbespiegelung davon überrumpelt wird, aber es ist eine sittlich begabte Natur, welche hier strauchelt und fällt, eine Natur, in welcher das Fleisch wüthet wider den Geist und welcher das Vollbringen fehlt, weil das Wollen der bessern Erkenntniss von dem Willen der Leidenschaft geknechtet wird. So viel auch Heinrich den Sternen Schuld gibt, er fühlt und kennt seine eigene Schuld, er ist der Reue fähig, er hat ein Gewissen. Seine im Anfange des Drama's erwähnte Streitschrift de septem Sacramentis ward

1521 von ihm geschrieben und am 10. October 1521 dem Pabst Leo überreicht. Seine Scheidung von der Königin Katharina und Vermählung mit Anna erfolgte nach sechsjähriger diplomatischer Verhandlung 1533, Katharina's Tod am 29. Januar 1536, Anna Boleyn's Hinrichtung am 19. Mai desselben Jahres.

Die spanische Königstochter ist die ideale Figur des Stückes, stolz und vornehm wie eine Spanierin, fromm und gut wie eine Heilige, aber doch stets im Bereich schöner Menschlichkeit, mit einem Herzen, das empfänglich und tief empfindsam ist für alle Freuden und Leiden des irdischen Daseins und die Welt nicht schmäht, weil es den Himmel offen sieht.

Die Composition des Stückes ist meisterhaft, wie die Sprache. Mit unheimlicher Voraussicht des unvermeidlichen Ausgangs sehen wir die in's Spiel gebrachten Kräfte und Leidenschaften mit wachsender Geschwindigkeit der Katastrophe zustreben. Eine klare, fast blendende Beleuchtung ist über das Ganze ausgegossen. Wie in den Landschaften des Südens der warme Farbenton die Umrisse nicht verwischt, sondern nur schärfer hervortreten lässt, so sind auch die Charaktere dieses Drama's scharf abgegrenzt, ohne mildernde Schattirung, ohne weiche Uebergänge; jede Figur in sich beschlossen, jeder Charakter eine Summe von Leidenschaft und Thatkraft, die im Verlaufe des Stücks ihre volle Verwendung findet; die Färbung oft grell, aber nie wirkungslos. In tausend blitzenden Reflexen funkelt und glitzert der Sonnenglanz, in Demanten und Perlen, in Gold und Seide, im silbernen Krystall des Baches, im bunten Gefieder des Wundervogels, von den Dächern der Paläste und den glatten Blättern der Lorbeerbüsche. Die Kunst beherrscht überall die Natur, ohne sie zu entstellen, aber wir vermissen jenen ruhigen, ursprünglichen Zauber, wie er auf der homerischen Landschaft ruht, wenn der blinde Sänger die Grotte der Kalypso, die Wohnung der Circe, oder das glückselige Eiland der Phäaken beschreibt. Wir hören wenig von jenen Naturlauten, wie sie das Linoslied und die Adonisgesänge der Alten vernehmen liessen, es ist überall das Nachdenkliche, Ueberlegte, oft das Gesuchte, was in den Vordergrund tritt. Selbst in der alten volksthümlichen Letra der 9. Scene des 3. Acts ist die poetische Empfindung wohl echt, aber doch nicht naiv, nicht ursprünglich. Die Blumen sollen sich mit der Vergänglichkeit menschlicher Grösse trösten, während doch das Umgekehrte das ursprünglich Poetische ist. Wenn er rings um sich alle Blüthe und Pracht der Schöpfung welken und vergehen sieht, mag der

Mensch es gelassener hinnehmen, dass auch seine eigene Blüthe welkt und all seine Grösse in Staub zerfällt. — Auch die Fülle von Poesie, welche der Dichter über die Liebe des Carlos zu Anna ausgegossen hat, hat einen durchaus südlichen Charakter, voll sinnlicher Gluth und voll des berauschenden Duftes, der die laue Sommernacht erfüllt. Diese Liebe selbst ist eine flackernde, verzehrende Flamme, nicht das milde und doch starke Licht, welches aus dunkler Tiefe hervorbricht, das Leben heiligt und den Tod verschönt.

Und wenn so in Allem die Natur des Südens sich kund gibt, wenn wir überall Sonnenlicht und Gluth und Glanz und künstlicher Pracht, und nie dem heimlichen Rauschen der Eichen und Tannen, der mondbeglänzten Zaubernacht und wundervollen Mährchenwelt des Nordens begegnen, so wird es uns nicht wundern dürfen, wenn auch die dargestellten Menschen Kinder des Südens sind. Namen und Ereignisse mögen der Fremde entlehnt sein, aber die Triebfedern der Ehre und Liebe, Ritterlichkeit und Galanterie, der religiöse Glaube und Unglaube, Alles ist spanisch, wie der Formsinn, welcher, den Romanen eigen, in Worten und Wendungen, in Rhythmen und Reimen, oft auch in einer gewissen gekünstelten Rundung und Zuspitzung der Gedanken in reichster Mannigfaltigkeit sich geltend macht. Man mag es Mangel an historischem Colorit nennen, wenn die englischen Lords zu spanischen Granden geworden sind, wie man wohl oft über die römischen Charaktere eines Corneille die Achsel zuckt. Aber Poesie ist niemals Gelehrsamkeit, sondern Gefühl, Leidenschaft, höchste Beredsamkeit, individuellen Gestalten als lebendige Seele eingehaucht, und darum ist es gewiss ein Irrthum, wenn man meint, ein deutscher Dichter müsse römisch empfinden, wenn er römische Charaktere klassisch darstellen will. Wenn er es könnte, würde er schwerlich ein klassischer Dichter sein, denn er würde nicht verstanden werden und Niemand zu Herzen sprechen. Ein deutscher Dichter muss überall mit deutschen Augen sehen, deutsch denken, deutsch empfinden, wenn er deutsche Herzen mit sich fortreissen will, und so muss und wird jeder grosse klassische Dichter in Gedanken und Empfindung mit seiner Nation gewissermaassen in Eins zusammenschmelzen. Das Wahre an jener Meinung ist nur dieses, dass jeder Dichter das Eigenthümliche anderer Zeiten und Völker mit nicht geringerer Feinheit und in derselben eigenthümlichen Weise empfinden muss, wie es seine Zeit und seine Nation empfindet, wie es die Bildung und der Geschmack seines Publikums verlangt. Der Deutsche wird aber wahrscheinlich immer ein anderes Ideal römischer

*

Grösse haben, als der Franzose, und bei dem „Qu'il mourût" des Horace schwerlich je so hingerissen werden, wie von jeher die Franzosen davon entzückt worden sind. Ueberhaupt thun wir Unrecht, wenn wir die Anforderungen unseres gegenwärtigen Geschmacks und unserer gegenwärtigen Bildung in irgend einem Punkte zum Maassstabe der Klassicität eines Kunstwerkes machen. Klassisch ist durchaus kein Werk, weil es uns jetzt gefällt und weil wir es jetzt bewundern, sondern weil es der vollkommenste Ausdruck der poëtischen Gestaltungskraft einer Zeit und eines Volkes und der darin herrschenden Bildung ist, und als solcher in der Nation fortwirkend von ihr anerkannt und empfunden wird. Und daher darf es uns auch bei Calderon nicht befremden, wenn seine Gestalten den Typus seines Landes, seine Meinungen und Ueberzeugungen den Charakter seines Volkes und seiner Zeit, seine Sprache den Ton der um ihn herrschenden Gesellschaft verrathen. Seine Ausdrucksweise mag uns oft sonderbar dünken, aber der Hof Philipps IV. war davon entzückt, die Granden und hohen Damen des Pallastes sahen darin die Vergeistigung und Idealisirung des unvermeidlichen Ceremoniells und der höfischen Etikette, und der feine Stil störte weder den Geschmack, noch das Vergnügen jener schaulustigen Menge, welche in den romantischen Strassen und Plätzen und von den Balkonen der Häuser den Schauspielern ihr Victor zurief. Es darf uns nicht befremden, wenn er auch die grossen geschichtlichen Vorgänge nur als Katholik und Spanier beurtheilt, wenn er in der Reformation nur den Abfall von der Wahrheit sieht, wenn er Nichts sieht von der nationalen Bedeutung und Fruchtbärkeit der englischen Reformation, Nichts von der Fruchtlosigkeit der blutigen Reaction Maria's, Nichts von der volksthümlichen Grösse der Tudors, Thatsachen, die wir alle bei Shakespere poëtisch verwerthet finden. Er hat gestaltet, was in seinem Horizonte lag, und Niemand kann über seinen Horizont hinaussehen, auch der grösste Genius nicht. Das Auge des Dichters sieht, wie durch ein Mikroskop in die Welt des Kleinen nnd enthüllt ihr Getriebe, und sieht, wie durch ein Fernrohr in die Tiefen des Himmels und entdeckt neue Welten der Schönheit und des Witzes, aber kein Fernrohr im Norden erreicht das Kreuz des Südens, kein Dichtergenius kann Bildungszustände erreichen und verstehen, die der Bildung seiner Zeit und seines Volkes gleichsam antipodisch sind. Darum muss man auch Calderon nicht mit Shakespere vergleichen, wenn man rechte Freude an seinen Schöpfungen haben will. Man muss ihn nehmen, wie er ist und als das gelten lassen, was er sein will. Die grosse Wiedergeburt der Wissenschaften hat auch auf sein Genie befruchtend gewirkt, aber sie hat seinem Witz, seiner Phantasie, seinem Geschmack, vor Allem seinem Formtalent, am wenigsten seiner tieferen Wissbegier genützt. Seine Philosophie bewegt sich in denselben Schranken, wie die Philosophie der grossen Scholastiker. Sein Ruhm ist, dass er innerhalb dieser Schranken auch die Schärfe des Urtheils und den Tiefsinn jener Philosophen besitzt. Man ist bald enttäuscht, wenn man mit der Erwartung an ihn herantritt, er müsse in der Art, wie unsere Dichter, bei den Alten in die Schule gegangen sein, oder er müsse, wie Shakespere, durchweht sein von dem Geiste der neuen Zeit, voll unendlicher Neugier, grübelnd und zweifelnd und in's Unendliche strebsam. Shakespere's Gedankenwelt ist grenzenlos, ist das Reich der Freiheit selber, diejenige Calderon's ist dogmatisch abgegrenzt, wie seine Gestalten. Die Dogmen der Kirche halten sie umspannt, die Vorurtheile des Jahrhunderts dienen ihr als Rahmen, aber unendlich reich und bunt und gestaltenvoll ist dennoch das Gemälde darinnen, das verklärte Abbild einer ganzen Bildungsepoche, die dahin gegangen ist mit ihrem Glanz und ihren Schrecken, mit absoluter Königsmacht und Inquisition, mit der Romantik des Schelmen- und Räuberlebens, — ein Gemälde, wie es nur der schaffende Genius, in dessen Geist die Welt sich spiegelt, vor unsere Augen zaubert und durch den Reiz des Schönen unvergesslich und unvergänglich macht. Mag uns Manches nicht anmuthen in diesem Gemälde, die Kunst wird doch ihren Zauber üben und ihren Ruhm ernten. Denn das ist das Grosse und Gewaltige aller echten Kunst, dass sie nicht nur das Heimische daheim verherrlicht und unsterblich macht, sondern dass sie es auch rettend hinüberträgt zu fernen, feindlichen Zonen und Zeiten, und dass die Menschen vor der Kunst sich einen und zuletzt versöhnt bewundern, selbst wo der Widerstreit der Bildung ihr Gefühl verletzt und eine neue Gedankenwelt einer andern feindselig gegenübersteht.

Lass die antike Schicksalsidee unserm christlichen Bewusstsein widerstreiten, lass selbst einen Göthe die Grösse Dante's bisweilen abscheulich finden, lass einen Lessing die Mustergiltigkeit der französchen Tragödie zerstören: Sophocles und Dante werden doch immer zu den grössten Genien der Menschheit gehören, und den Dichtungen Corneille's und Racine's wird der Ruhm bleiben, für eine gewisse Zeit und in gewissen Grenzen der schönste Ausdruck moderner Bildung gewesen zu sein. Und so mag auch Calderon unser protestantisch-germanisches Bewusstsein bis-

weilen abstossen, seine Sprache uns sonderbar und unnatür-
lich scheinen, sein Wunderkram unsere Aufklärung beleidigen;
das sind die Rauhheiten der Schale, in welche Zeit und
Raum jedes Kunstwerk einhüllt, darunter liegt die süsse
Frucht in sich vollendeter Dichtung, birgt sich der Kern
eines hohen, Erd' und Himmel umfassenden Dichtergeistes.

Eine Menge Fragen drängen sich uns noch auf und
wären einer eingehenden Betrachtung werth. Es wäre gewiss interessant zu untersuchen, wie die Schicksalsidee von
Calderon im Vergleich mit Sophokles und Shakespere
poëtisch verwerthet worden ist, wie weit das Hereinragen
höherer Mächte in den Gang der Ereignisse den sittlichen
Werth und das Gewissen der handelnden Personen berührt;
es bleibt noch Vieles zu sagen über die formellen Schön-
heiten unseres Stückes, über die eigenthümliche Verbindung
der lyrischen Kunstformen mit der dramatischen Dichtung,
über den estilo culto und die Nachahmung und Bekämpfung,
die er erfahren hat, aber es mag ein Trost sein, dass grade
die interessantesten Gegenstände diejenigen sind, über
welche man nicht auf wenigen Seiten etwas Erschöpfendes
sagen kann.

Die Kirchenspaltung von England.

Personen.

König **Heinrich VIII.**	Ein Hauptmann.
Der Cardinal **Wolsey.**	Die Königin Donna **Katharina.**
Carlos, Gesandter Frankreichs.	Die Infantin **Maria.**
Thomas Boleyn, alt.	**Anna Boleyn.**
Dionis, Diener.	**Margaret Pole**, Hofdame.
Pasquin, Gracioso.	**Johanna Seymour**, Hofdame.

Damen. Soldaten. Gefolge. Cavaliere.

Die Scene ist in London.

Erster Act.

Kabinet des Königs.

Erste Scene.

Der König Heinrich VIII. schlafend, vor ihm ein Tisch mit Schreibzeug und neben ihm die Gestalt Anna Boleyn's; später der Cardinal Wolsey.

Der König (träumend): Bleib', o göttlich Wesen, Bild der Wonne,
Erblichner Stern, verfinstert trübe Sonne!
Sieh', Du willst die Sonne kränken,
Willst so viel Glanz in Dunkel Du versenken.
Warum denn zürnst Du mir, und willst entweichen?

Die Gestalt Anna's. Was Alles Du hier schreibst, werd' ich
durchstreichen. (Geht ab.)

Der König (träumend): O warte, höre doch, verweile!
Verschwinde, Göttin, nicht mit solcher Eile
Zu schneller Sphäre leicht empor.
So höre — —
(Er erwacht und hereintritt der Cardinal Wolsey.)

2

Wolsey.

Herr!

Der König.

Du hier?

Wolsey.

Was geht denn vor?

Der König. Wer ist das Weib, das jetzt hinausgegangen
Aus diesem Zimmer? Sprich!

Wolsey.

Von Schlaf umfangen
Sahst Du ein Traumbild, Herr, denn Niemand war jetzt hier,
Doch, was geträumt Du hast, erzähle mir.

Der König. Ich will es, Cardinal,
Und selbst ermessen magst Du meine Qual.
Wissen wirst Du, — doch ich muss,
Ob Du's weisst auch, wiederholen —
Dass ich bin der achte Heinrich,
Englands König, und geboren
Heinrich Tudors Sohn, des Siebten,
Der mir Scepter liess und Krone
Nach des Prinzen Arthur Hingang,
Welcher starb so jähen Todes.
Nicht nur zweier grossen Reiche
Erbe war ich so geworden,
Erb' auch einer Königin,
Der holdseligsten und frommsten,
Deren England sich erfreut.
• Noch umwallt von Jugendlocken,
Waren ihre Schultern schon
Säul' im Streit der Kirche Gottes.
Donna Katharina nämlich,
Heiligste und schönste Tochter
Des kathol'schen Königspaares.
Dieser Erde neuen Sonnen,
Ward vermählt mit meinem Bruder
Arthur, der aus übergrosser
Jugend, oder Krankheit halber,
Oder andern tief verborg'nen
Gründen nie vollzog die Ehe.
Als der Prinz von Wales gestorben,

War daher die Kön'gin Jungfrau,
Und war Wittwe schon geworden.
Wie nun Spanier und Britten
So das Bündniss aufgehoben,
Ihre Wünsche unerfüllt
Und vereitelt sah'n ihr Hoffen,
Kamen beide überein —
Und es riethen's Theologen —
Dass ich zu des Friedens Heil
Mich mit ihr vermählen sollte.
Und der zweite Julius,
Stets für Aller Wohlfahrt sorgend,
Gab Dispens, denn Alles kann
Er, der Stellvertreter Gottes.
Aus der glücklichen Verbindung
Sprang auch schon zu unsrer Wonne
Hell ein Lichtstrahl, himmlisch hold,
Ein Gestirn vom Himmel droben,
Die Infantin Donna Maria,
Der Ihr Treue sollt geloben,
Huld'gend als Prinzess von Wales.
Rechte Erbin meines Thrones
Nenn' ich sie mit solchem Namen.
Hieraus sieh'st Du, wir gehorchen
Hier in England gut und gern
Hohem kirchlichen Gebote,
Wenn es Glaubenssachen gilt.
Jeder sagt, es wär' ein solcher
Päbstlicher Dispens gesetzlich,
Weis' und heilig. All' auch kommen
Darum ein. Und dass Du siehst,
Cardinal, wie selbst ich sorge
Unsern Glauben zu vertheid'gen,
Sei's mit Waffen, sei's mit Worten:
Sieh', jetzt wo der Kriegsgott schläft,
Still der Waffen blutig Tosen,
Wach' ich über Büchern hier,
Selbst zu schreiben eins entschlossen.

Hab' die sieben Sacramente
Zu vertheid'gen unternommen,
Und gedenke so den Irrthum
Und die Secten auszurotten,
Die von Luther sind entsprungen,
Will zerstören, ihm zum Trotze,
All der falschen Lehren Schwall
Eines Buches, das verdollmetscht
„Babylonisches Gefängniss"
Ist betitelt, Gift den Frommen,
Grimme Pest den Menschenkindern.
Daran schrieb ich, und betroffen —
Höre recht, wie sich's begab! —
Seh' ich ein entsetzenvolles
Wunder plötzlich da gescheh'n,
Seh' in körperhaften Formen
Die Gedanken vor mir steh'n.
Schreibend sass ich, — war gekommen
Bis zum Sacrament der Ehe, —
Als es schwer mir ward im Kopfe
Und mein Geist sich, wie erstarrt,
Nicht des Schlafs erwehren konnte.
Seiner Macht erlag ich kaum,
Als ich seh', die Thür geht offen
Und ein Weib tritt ein. Es bebt
Meine Seele tief erschrocken,
Bart und Haupthaar sträuben sich,
All mein Blut gerinnt, beklommen
Steht mein Herz, die Stimme stockt,
Meine Zung' ist stumm geworden.
Und das Weib kommt auf mich zu,
Anseh'n muss ich sie verworren,
Kann nicht weiter schreiben mehr.
Und es streicht mir alle Worte,
Welche schrieb die rechte Hand,
Jetzt die linke, Text und Noten.
Und mit solchem Truggebild,
Das von Wahrheit nicht zu sondern,

Wach' ich auf, — und seh' die Zeichen,
Sehe die Gestalt, wie vorher,
Und mir scheint, ich träume noch,
Denn bei so verworr'nen Sachen
Und in solcher Angst und Pein,
Schlummert da die Seele ein,
Soll sie lieber nicht erwachen.

Wolsey. Lass, o Herr, die Phantasie
So mit Deinem Geist nicht schalten,
Denn es sind des Traums Gestalten
Mehr als Schein und Schatten nie.
Diese Briefe sind gekommen,
Deshalb drang ich so in Eil'
Bis in dieses Zimmer, weil
Oft ich Dein Gebot vernommen
Nie zu zaudern.

Der König.   Und woher
Kamen sie?

Wolsey.   Von Leo dem Zehnten
Ward der hier gesandt. (Gibt den Brief.)

Der König.   Und der?

Wolsey. Kam aus Martin Luthers Händen.

Der König. Dürft' ich eine Deutung wagen
Des Gesichts, das mir geträumt,
Würd' ich nun Dir ungesäumt,
Diese Briefe sind es, sagen.
War es doch die rechte Hand,
Welche schrieb, und rechter Lehre
Wahren sollte Macht und Ehre.
Diese deut' ich mit Verstand
Auf des Pabstes Brief. Doch weg
Mit der Linken tilgen wollen
Jenes Licht, die wahrheitvollen
Worte streichen, heisset keck
Alles in Verwirrung setzen,

Dass nicht länger Nacht und Tag
Klar man unterscheiden mag,
Gift und Balsam gleich ergötzen.
Aber sieh', was Heinrich glaubt,
Wer als Sieger zu begrüssen:
Luther werf' ich mir zu Füssen,
Leo leg' ich mir aufs Haupt.

(Wie er Luthers Brief zu Füssen werfen und des Pabstes Brief aufs Haupt
legen will, verwechselt er beide.)

Sehen will ich jetzt, was hier
Seine Heiligkeit geschrieben.
Doch was ist dies? Zweifel trüben
Wiederum die Seele mir.
Von Lutherus war das Schreiben,
Das ich mir aufs Haupt gethan.
Traur'ger Irrthum, schlimmer Wahn,
Welch verhängnissvolles Treiben!
Himmel, welch Entsetzen droht
Mir dies neue Schicksalszeichen!
Unglück kündet's oder Tod.

Wolsey. Bang bist heut' Du sondergleichen.
Sahst Du denn im Frührothschein
Zittern unglückschwang're Strahlen,
Des Kometen Schweif, den fahlen?
Stürzt' ein Hügel vor Dir ein?
Sahst die Sonne Du vergiessen,
Weil verfinstert ihre Gluth,
Blut'ger Ströme Thränenfluth,
Weinend zu des Mondes Füssen?
Doch wenn nicht, was gibt's zu bangen,
Wenn zwei Brief' ich Dir vielleicht
Hab' verwechselt überreicht,
Oder Du sie falsch empfangen?

Der König. Trefflich ist Dein Trost, fürwahr!
Hast mir jede Furcht verbannt,
Und den Irrthum, nun erkannt,
Deut' ich mir zum Glück sogar.

Weil der Pabst der feste Grund
Unsers Glaubens, wollt' er eben
Mir zu Füssen sich begeben,
Thun als Fundament sich kund.
Er ist Grundstein, das ist richtig,
Ich die Säule, die d'rauf ruht,
Und ich brauche Kraft und Muth,
Denn ein Ungethüm gewichtig
Drückt auf meine Schultern hier,
Und belud des Windes Schwingen
Ein Gebirg Unheil zu bringen,
Jener Unhold, jenes Thier!
Mag darum der Stein sich senken
Unter solcher Last Gewicht,
Und die Flamme, lodernd licht,
Aufwärts ihre Strahlen lenken —
Beide, mein' ich, suchen so
Ihren Mittelpunkt zu finden,
Hier der Fels, auf den wir gründen,
Dort der Rauch von brennendem Stroh.
Niemand hat hier Zutritt heute
Ausser Dir. Die Briefe will
Heut' ich noch erwiedern.

Wolsey.   Ich
         Küss' die Hand Dir.

Der König.   Mir ahnt Unheil.

Zweite Scene.

Wolsey.   Ob ich niedrig gleich zuvor,
            Und verachtet meine Wiege,
            Steig' ich auf des Glückes Stiege
            Doch zum Gipfel kühn empor.
            Noch ein Sprossen — und gewandt
            Ist das höchste Ziel erklommen.
            Ehrgeiz, sei du mir willkommen,
            Schmeichelei, gib mir die Hand!

Helft ihr weiter zum Gelingen,
Vieles liesst ihr glücken schon —
Hoft' ich auf St. Peters Thron
Selber mich empor zu schwingen. —
Studio war ich noch bescheiden,
Armer Eltern Söhnelein,
Als ein Astrolog mir fein
Sagt', ich würd' ein Amt bekleiden
Einst beim König, und so viel
Würd' und Hoheit da gewinnen,
Dass all meiner Wünsche Sinnen
Ueberträfe solches Ziel.
Ein Weib, sagt' er hinterdrein,
Würde mein Verderben werden,
Doch was kann mich denn gefährden?
Ist der Kön'ge Macht doch mein.
Wie soll mich ein Weib verderben,
Hemmend meines Ruhmes Pfad?
Cardinal bin und Legat,
Heinrichs Günstling ich. Es werben
Karl und Franz um meine Gunst,
Deutschlands, Frankreichs mächt'ge Fürsten.
Die sich zu bekriegen dürsten,
Jeder trauend meiner Kunst,
Dass, wenn ich darauf bedacht,
Heinrich bald Theil nimmt am Streite.
Ich bestimm', auf wessen Seite —.
Herr sei, wer zum Pabst mich macht.

Dritte Scene.

Thomas Boleyn. Carlos. Dionis. Wolsey.

Thomas. Der französische Gesandte
Kommt um Audienz zu bitten,
Tage weilt er schon in Mitten
Unsers Hofs.

Wolsey.   Er komme später,
Jetzt ist Seine Majestät
Nicht zu sprechen.   (Geht ab.)

Carlos. Sagt, wer war es,
Der Euch Antwort gab?

Thomas. Ich weiss
Nicht, ob es die Eitelkeit,
Hoffahrt und Vermessenheit
Selber war, doch dieses all,
Glaub' ich, ist der Cardinal
Thomas Wolsey. ·

Carlos. So ist man
Uns in Frankreich nicht begegnet.

Thomas. Ich weiss nicht, mit welchem Bann
Dieser Wolsey ihn umstrickte
Und so gänzlich ihn berückte,
Einen so hochweisen Mann,
So gelehrt, dass er mit Ehren,
Römisch Recht, Philosophie,
Ja sogar Theologie
In den Schulen könnte lehren. —
Doch von andern Dingen muss
Reden ich. Monsieur, ich bitte,
Gönnt, Ihr Mann der feinen Sitte,
Mir der Ehre Hochgenuss,
Hier heut' Abend zu erscheinen.
Meine Tochter jung und schön,
Habt in Frankreich sie geseh'n
Und bewundert, sollt' ich meinen,
Denn es ist ihr keine gleich
An Gestalt in keiner Zone,
Sie ist aller Schönheit Krone
Und an selt'ner Anmuth reich.
Heut' wird sie als Dam' empfangen
Im Pallast, und Ehre so
Glänzend mir bereitet, wo
Wen'ger meine Dienste prangen.
Huldreich hat die Königin —
Die der Himmel stets behüte! —
Ehren wollen mein Geblüte,

Es geruht an Hof zu zieh'n.
Festlich in des Hofes Mitte
Wird heut' Anna eingeführt.
Im Geleite, das sie ziert,
Ehrt auch Ihr mein Haus, ich bitte.

Carlos. Werther Lord, Ihr solltet wissen,
Dass ich stets und überall,
Und auch in dem heut'gen Fall
Nur zu dienen Euch beflissen,
Höchste Ehr' erweist Ihr mir.

Thomas. Gott behüt' Euch!

Carlos.   Geb' er Euch
Ein beglücktes, langes Leben!

Thomas. Spät ist's. Geh'n muss ich sogleich,
Vieles wird's zu thun noch geben.
Lebt wohl!

Vierte Scene.

Carlos. Dionis.

Dionis. (bei Seite). Wie mein Herr so traurig ist!
Herr, Du sagst mir gar so Wenig.
Gab Dir Audienz der König,
Dass Du abgefertigt bist?
Kehren bald nach Frankreich wieder
Wir zurück?

Carlos.   Weh' um mich!
Wolle Gott nicht!

Dionis.   Aber sprich!
Reisen heut' wir?

Carlos.   Nicht so bitter
Hat gefügt es mein Geschick.
Kein Gehör konnt' ich erlangen,
Kein Befehl, an mich ergangen,
Ruft nach Frankreich mich zurück.

Dionis.

Ich begreif' Dich nicht, noch kann
Ich den Grund von all dem sehen,
Dass Du batest, nicht verstehen,
Um den Posten hier. Woran
War in England Dir gelegen?
Und nun wir so lange hier,
Warum ist's betrübend Dir
Den Gedanken nur zu hegen
An die Rückkehr? Was ist dies?
Warum willst Du lang' erst zaudern,
Mir die Ursach' auszuplaudern?
Ich erspäh' sie doch gewiss.

Carlos.

Darum ist's wohl sicherlich
Nöthig, Nichts Dir zu verhehlen,
Alles haarklein zu erzählen.
Nun, ich will es thun.

Dionis.   So sprich!

Carlos.

Weil's Heinrich oder unser Fürst begehrt,
War Thomas Boleyn, reich an Ruhm und Orden,
Als kluger Mann und Diplomat bewährt,
Englands Gesandter in Paris geworden.
Ich weiss nicht, ob im Eis es flammend gährt,
Solch feurig Gift bracht' er uns aus dem Norden,
Doch dort am Pol, so silbern und krystallen,
Bannt Zauber selbst der Sterne leuchtend Wallen.
    Zu meinem Glück bracht' er voll holder Schöne —
War immer doch mein Glück erhöh'te Pein! —
Bracht' er sein Töchterlein Anna Bolene
Aus London mit in unser Land hinein,
Den Männern eine lockende Sirene,
Und doch ein Götterbild, so schön und rein ;
Sirenenhaft umstrickt sie Aug' und Ohren,
Ihr horcht das Ohr, das Auge starrt verloren.
    Einst sah' ich in Paris sie — wollte Gott
Nicht, dass ich, wie man sagt, vorher erblindet,
Doch, dass ich solcher Federnpracht gebot,
Wie Juno's Pfau zum Strahlenrad verbindet;

Dass ich ihr Göttervogel, oder roth
Wär' ein Planet, in klarer Nacht entzündet.
Zu zeigen einer Sonne Licht und Glanz,
Bedarf es ja so vieler Sterne Kranz.

Auf einem Ball mit funkelndem Geschmeide
Trat sie herein, der Erde schönste Frau,
Gehüllt in Silberweiss und blaue Seide —
Der Himmel selber schmückt sich ja mit Blau! —
Noch prahlt' ich frei zu sein von Lieb' und Leide,
Da fühlt' ich Frost und Gluth bei solcher Schau,
Und heisser Lieb' allmälig loh'nden Brand,
Die wächst und wächst durch eig'nen Widerstand.

Leicht schleift ein Demant andern Diamanten,
Und harter Stahl macht andern Stahl,
Magnet sucht den Magnet sich als Verwandten,
Am stärksten fühlt man erste Lust und Qual;
Was Wunder, wenn die Sinne mir entbrannten
Und all mein Stolz erlag mit einem Mal,
Wo blind der Liebesgott mir warf zusammen
Demant und Stahl, Magnet und lichte Flammen!

Sie tanzt. Ich tanz' mit ihr, und kann nicht sagen,
Wie wieder auflebt da mein süss Vertrauen,
Dass nicht kokett sie, wie so Viele klagen,
Dass fest auf ihre Lieb' ich dürfe bauen.
In meiner Hand, — zu hoffen darf ich wagen —
O schmeichelnd Pfand der Gunst so holder Frauen! —
Lässt sie ein Tuch mir, deutsam wie die Sterne,
Auf Thränen deutend, bleibt mein Lieb mir ferne.

Ich liebte, wünschte, pries gelinde Strenge,
Gehorchte, litt und hofft' in wildem Sehnen,
Ich hauchte, sagte, schrieb nur Gluthgesänge,
Empfand, verbarg, vergoss des Argwohns Thränen,
Genoss, erharrt', erlangte Gunst in Menge;
Verliess, verlor, vergass mein eitles Wähnen,
Und Zeugen waren meiner Lust und Wonne
Die stumme Nacht und die geschwätz'ge Sonne.

Kaum goss der Tag aus unversiegter Quelle
Am Frühlingsmorgen neuen Glanz und Licht,

Stand ich zur Huld'gung schon an ihrer Schwelle,
War andre Sonne doch ihr Angesicht;
Kaum wich der Nacht des Tages sonn'ge Helle,
Dass zitternd Sternlicht nur in's Dunkel bricht.
Ward eines Gartens Blumenrepublik
Dritter im Bund für uns'rer Liebe Glück.
Da war der kühlen Nacht beredtes Schweigen,
Der um die Laube rankende Jasmin,
Des Springquells Tropfen im krystall'nen Reigen,
Des Baches Well'n, die einsam murmelnd flieh'n,
Des Windes Flüstern in den blüh'nden Zweigen,
Der Blumen Düfte, so die Luft durchzieh'n,
War Alles Liebe — kann der Lieb' es fehlen,
Quell, Vögel, Blumen, Alles zu beseelen?
Sahst du die Biene je, die ruhelose,
Wie sie geschäftig durch den Sonnschein fleucht,
Und eh' sie trinkt den Purpur von der Rose,
Bald schüchtern naht, bald wieder scheu entweicht?
Sahst du den Schmetterling, verliebt und lose
Das Licht umkreisen, bis vom Feu'r erreicht,
Versengt die Flügel, schillernd noch erhoben,
Zu Boden fall'n, in Asche leicht zerstoben?
So schwebt' auch meine Lieb' an vielen Tagen
Um Ros' und Flamme furchtsam hin und her.
O jene Furcht, verwünscht mit bittrem Klagen,
Wenn ausgebrannt der Liebe Flammenmeer!
Doch Leidenschaft, so siegt durch dreistes Wagen,
Gelegenheit, die nie an Vorwand leer,
Sie trieben mich, und, Schmetterling und Biene,
Sengt' ich die Flügel, trank der Rose Minne.
O glücklich tausend Mal, wem es gelang,
Was seiner Liebe lang unmöglich däuchte!
Wer sagt, dass, wenn in's Grab sein Hoffen sank,
Wohl bald Vergessenheit sein Weh verscheuchte;
Wer sagt, dass flatternd unbeständ'ger Hang
Gleich des Besitzes Glück — o, der bezeugte,
Dass er nicht liebt, noch je geliebt hat. Nimmer
Würd' er so schmäh'n sonst, was ihn band für immer.

Des Vaters Sendung war indess vollbracht,
Und Anna kehrt mit ihm nach England wieder.
Ich bleibe, wie die Erd' in kalter Nacht,
Erstarrt und stumm, --- die Sonne ging mir nieder.
Erwäge, wie von Lieb' und Schmerz entfacht
Die Seele sinnt und träumt, gelähmt die Glieder,
So sann und träumt' ich, seit mein Aug' sie misste,
Und Sehnsucht zog mich nach des Nordens Küste.
Den König bat ich, mich hierher zu senden.
Er that's. Ich kam nach London, und erfreut
Seh' ich mein Amt noch weit entfernt zu enden.
O, wär's so ein Jahrhundert noch von heut'!
Und doch, mir bangt, als sollt' mein Glück sich wenden,
Weil meine Herrin heut' der Hof entbeut.
Mein Sehnen kennst du, meine Pein seit lange, ---
Sieh' nun, ob ich mit Recht so lieb' und bange.

Dionis.
Da die Heirath doch Dein Ziel,
Welche Furcht kann Dich noch quälen?

Carlos.
Dass es, wollt' ich mich vermählen,
Meinem Vater nicht gefiel'!
Auch ist Anna's Stolz bedenklich.
Ihre Ehrsucht und ihr Prunk,
Eitelkeit und Anmassung
Machen oft recht überschwenglich
Kränkend ihren Eigensinn;
Und sie mag katholisch scheinen,
Doch im Stillen, muss ich meinen,
Ist sie Lutheranerin.
Schwankend so voll Furcht und Sehnen
Möcht' ich lieber frei noch sein,
Als Geliebter Lieb' ihr weih'n,
Nicht als Gatte bittre Thränen.
Doch was hör' ich? (Geräusch im Innern.)

Dionis.
              Anna wendet
Sich hierher, vom Hof umdrängt.

Carlos.
Sag', die Sonne, die mich sengt,
Sag', der Lichtglanz, der mich blendet.

Fünfte Scene.

Pasquin, lächerlich gekleidet. Carlos. Dionis.

Pasquin.
Seh' ich nicht gar vornehm aus?
Doch, was ist das? schöne Sachen!
Will man ohne mich denn machen
Den Empfang im Königshaus?
Das ist weder Brauch noch Recht.
Kommt nur langsam 'rangezogen,
Denn ich fehle — —

Dionis.
     's ist ein Narr,
Dem der König sehr gewogen.

Pasquin.
Und bin doch der feinste Mann!

Carlos.
Sonderbar, wie solch Gelichter,
Narrenvolk und Diebsgesichter,
Einem König schmeicheln kann.

Dionis.
In des Schlosses Corridoren
Sah' ich ihn, und fragt' herum,
Wer es wär'. Ich weiss es d'rum.
Der Gesell glaubt sich erkoren
Ueberall zu prophezeih'n.
Künft'ge Dinge zu verkünden
Wird man stets bereit ihn finden.

Carlos.
Sieh', da kommen sie herein.

Pasquin.
Macht mir Platz dort gleich, ihr Leute!
Gönnt nur, Freunde, mir die Ehr'!
Ein Narr minder oder mehr
Dürft' euch wenig stören heute.

Carlos.
Kön'gin Katharina trat
Jetzt herein, sie zu empfangen.
Göttlich stolz kommt sie gegangen.
Glücklich, wem in Gunst sie nah't.

Sechste Scene.

Anna Boleyn, Thomas Boleyn, ein Hauptmann und Gefolge auf einer Seite, auf der andern die Königin, die Infantin Maria, Margaret Pole und Damen. Carlos. Pasquin. Dionis.

Anna.

Wenn mir höchster Gunst Genuss
Zu verleih'n sie nicht verschmäht,
Reich' mir Eure Majestät
Ihre weisse Hand zum Kuss.
Stolz wird dann mein Athem sich
Zu des Mondes Sphäre heben,
Keine Sorge wird es geben,
Die noch länger ängstigt mich.
Hab' ich doch den Neid zu Füssen,
Und in meiner Hand das Glück.
Zu noch stolzerem Geschick
Lebe, die ich so darf grüssen!
Wie die Sonne, vielbewundert,
Von Jahrhundert zu Jahrhundert
Leucht' ihr Glanz in Kindeskindern,
Ohne je sich zu vermindern,
Wie der Phönix ihn erwirbt,
Der, dass ewig Sein er rettet,
In der Asche Gluth gebettet
Immer lebt und niemals stirbt.

Königin.

Meine Arme magst Du hier,
Meine Seele mit empfangen,
Und es künde dies Umfangen
Herrschaft nicht, nein, Freundschaft Dir.
Stehe auf, knie' nicht vor mir!
Solche Huld'gung kann nur lieben
Wer, von Eitelkeit getrieben
Alle Gottesfurcht verliert,
Denn nur Gott allein gebührt,
Dass wir knieend Demuth üben,
Doch der Mensch prahlt ruchlos nur,
Lässt vom Stolz er sich bethören.

Nimmer soll so kniend ehren
Kreatur die Kreatur.
Noch dazu, wem von Natur
Ward so reicher Anmuth Fülle,
Dass er in der ird'schen Hülle,
In der Schönheit Lichtgewand
Kündet, was des Schöpfers Wille,
Durch den Liebreiz seiner Hand.
Küss' die ihre nun Marie'n,
Und umarm' die Damen dann,
Die des Grusses warten.

Anna.   Wann,
Fürstin und Gebieterin,
Ward' ich werth, an einem Tage
Vor zwei Sonnen so zu steh'n,
Und so stolz, ihr Licht zu seh'n,
Dass, hat eine sich gewandt,
Kühn ich mich zur andern wage?
Gib die Hand mir!

Infantin.   Nicht die Hand,
Meine Arme, Anna Boleyn.

Anna. Nennt den Phönix einzig nicht,
Wenn so viele vor uns prangen.

Königin. Die jetzt kommt Dich zu empfangen,
Marg'ret Pole ist's, Anna.

Anna.   Licht
Strahlt ihr Ruhm in alle Welt,
Als Apollo's zehnter Muse.

Margaret. Und mein Ruhm ist wohlbestellt,
Glückt es mir, nur wen'ge Spenden
Deines Witzes zu entwenden,
Deiner Schönheit zugesellt.

Pasquin (zur Königin). Macht es Dir auch Langeweile,
Im Gespräche mich zu seh'n,
Lass es diesmal nur gescheh'n,
Und Erlaubniss mir ertheile.

3

Meine einz'ge Königin,
Lass mich jetzt ein wenig schwätzen,
Denn mit Recht muss mich's verletzen,
Wenn ich, weil so streng Dein Sinn,
Nicht heraussag', was ich mein':
Wozu nützt mir's, Narr zu sein?

Königin.

Du langweilst mich, Pasquin, nicht.
Traurig nur bei Deinen Schwänken
Stimmt es mich, daran zu denken,
Wie Dein Wort einst von Gewicht,
Wie verständig und belesen,
Klug und witzig Du gewesen,
Und jetzt — doch es rührt Dich nicht
Das, Pasquin, empfind' ich schwer.

Pasquin.

Darum schuf uns Gott nicht gleich,
Närrisch mich, verständig Euch,
Und hier passt ein Mährchen her.
Hier in London war ein Blinder,
So blind, dass am hellsten Tag
Er nicht sah, was vor ihm lag,
Und mit wem er sprach, noch minder
Einstens Nachts nun, als es heftig
Regnet, wie es jüngst auch goss,
Eimerweis vom Himmel schoss,
Geht mein Blinder noch geschäftig
Durch die Strassen, sich mit Stroh
Leuchtend, das brennt lichterloh.
Einer, der ihn kannte, fragte:
„Da Du Dir doch leuchtest nicht,
Warum trägst Du denn das Licht?"
Und der Blinde darauf sagte:
„Kann auch ich das Licht nicht sehen,
Sieht es der doch, welcher kommt
Und kann hübsch bei Seite gehen.
Und so siehst Du doch, es frommt,
Nicht dass ich seh', sicherlich
Doch dass Andre sehen mich."

Ich bin blind, — jetzt kommt die Lehre, —
Und geh' blind ich auf Euch d'rein,
Liess Euch Gott den hellen Schein
Der Vernunft zu Schutz und Wehre.
Geht bei Seite, wenn ich störe
Euren Ernst durch Lustigkeit,
Geht nicht, wenn Ihr fröhlich seid!
Denn mit meinen Hirngespinnsten
Bin ich blind und leucht' im Finstern.
Flieht vor mir, weil Ihr gescheidt.
Und jetzt gebt Erlaubniss mir,
Dass in Eurer Gegenwart
Ich gleich Anna Boleyn hier
Sag' nach Sternendeuterart,
Welches Schicksal ihrer harrt,
Welches Ende noch hienieden
Ihrer Reize Macht beschieden.

Margaret. Das ist stets sein fixer Wahn.

Infantin. Ist denn das nicht unterhaltend?
Sprich!

Pasquin. Das Schicksalsbuch entfaltend,
Das in mir Euch aufgethan,
Les' ich d'rin zuerst, Du hast,
Anna, recht ein Schelmgesicht.
Und obgleich verschönernd fast
Stolz aus Deinen Zügen spricht
Und der Hoheit kalte Strenge,
Gar zu stolz und gar zu schön,
Kommst Du in des Hofs Gepränge.
Lass es Gott zum Heil gescheh'n!
Und ich hoff', es wird so sein,
Denn geliebt und hochgeachtet,
Gern geseh'n, mit Gunst betrachtet,
Um zu steigen, ziehst Du ein,
Strebst nach oben, steigst nach oben,
Wirst vom ganzen Reich erhoben,
Und durch Beifallssturm ergötzt

Wirst Du höchste Macht erwerben,
Um nach alle dem zuletzt
An dem höchsten Ort zu sterben.

Anna. Als glückdeutend mir gegeben,
Nehm' ich seine Tollheit hin;
Da ich Dein Geschöpf ja bin,
Hoff' ich hoch genug zu schweben,
In der Sonne selbst zu leben.

Königin. Du verdienst mehr Glück und Ehre! —
Wenn ich nur beruhigt wäre!
Wie die Liebe doch nie ruht!
Mir ist heut' so bang zu Muth
Meinen Herren nicht zu sehen.
Ich will in sein Zimmer gehen,
Um zu wissen, was er thut. (Geht ab.)

Carlos. Welche Schönheit!

Thomas. Welche Tugend!

Pasquin. O welch seltener Verstand!

(Thomas Boleyn, Carlos, Dionis, der Hauptmann und Begleitung gehen ab.)

Siebente Scene.

Wolsey an der Thür vor des Königs Zimmer, die Königin, die Infantin, Anna, Margaret, Pasquin, Damen.

Königin. Was macht Heinrich?

Wolsey. In sein Zimmer
Zog er sich zurück, zu schreiben.
Wolle, Herrin, aussen bleiben,
Denn er gab Befehl, dass nimmer
Jemand komm' ihn jetzt zu stören.

Königin. Kennst Du mich?

Wolsey. Wer soll nicht kennen
Dich, und Kön'gin Dich nicht nennen?
Nie wird Achten und Verehren
Sein Idol verläugnen können.

Königin.	Nun, wie darfst Du dann es wagen.
	Wolsey, mir den Weg zu sperren?
Wolsey.	Treu dem König, meinem Herren,
	Der mir solches aufgetragen.
Königin.	O Du frecher, eitler Narr!
	Als der Kirche Fürst allein
	Flössest Du mir Achtung ein.
	Dieser Purpur nur, fürwahr!
	Der Dich falschen Gleissner deckt,
	Und vom armen Metzgersohne
	Hebt empor zum Glanz der Throne,
	Der verwirrt mich, warnt und schreckt
	Mich zurück, dass nicht zum Lohne — —
	Aber das wiss' ohne Schelten: —
	Haman scheinst Du meiner Seele,
	Doch des Ahasver Befehle
	Sollen nicht für Esther gelten. (Geht hinein.)
Wolsey.	Herrin — —
Infantin.	Wolsey, sei's genug!
Wolsey.	Deine Hoheit glaube mir,
	Dass ich auf den Knie'n — —
Infantin.	Genug!
Wolsey (knieend).	Dienen will nur einzig ihr.
Infantin.	Stehe auf, ich glaub' es Dir.
	(Alle Damen gehen ab.)
Pasquin.	Und will ich zu des Königs Zelten,
	Halte mich nicht Kunz noch Velten!
	Haman seid Ihr meiner Seele,
	Doch des Kaspar Speer Befehle
	Sollen nicht für Estrich gelten! (Geht ab.)

Achte Scene.

Wolsey.	Was hab' ich gehört, gesehen?
	Dass die Kön'gin, rings sich neigend,
	Allen Gunst und Gnade zeigend,
	Nur vor mir blieb zürnend stehen!

Dass ihr Herz, so gern bereit,
Allen Fried' und Huld zu schenken, —
Schrecklich, schmerzlich es zu denken! —
Nur für mich voll Grausamkeit!
Der Scholast, der mich erzogen,
Sagte mir, ein Weib allein
Würde mein Verderben sein.
Da sein Wort sonst nicht getrogen,
Fürcht' ich nicht von ungefähr,
Dass auch dieses richtig ist.
Nun, wenn Du's nicht, Kön'gin, bist,
Wer kann sonst es wagen, Wer? —
Ja, es ist die Königin,
Die mir zürnt und widerstreitet,
Mir den Untergang bereitet.
Büssen soll's die Königin!
Ich will sie belisten schon.
Ehe sie gelangt zum Siege,
Werd' im blut'gen Bürgerkriege
Englands Fluch der Metzgersohn!   (Geht ab.)

Neunte Scene.

Thomas Boleyn. Anna.

Thomas.   Anna, jetzt bist Du am Hof,
Hältst in Deiner Hand den Willen
Des unstäten, blinden Schicksals,
Bist die Herrin Deines Glückes.
Mich ehrt hoch der König, Dir
Schenkt die Kön'gin Gunst und Liebe.
Was ich konnte, that ich; jetzt
Thue selbst, was sich gebühret.

Anna.   Ist's auch eines Vaters Rath,
Wird Dein Rath doch nie sich schicken
Und nur ungehörig sein,
Gibst Du ihn so zwecklos immer.
Welches Reich denn gabst Du mir,
Wo mit goldumstrahlter Stirne
Ich herabseh' auf das Volk,

Wenn sie rings mir Huld'gung bringen,
Um zu sagen, dass Du sorgst
Für mein Wachsthum? Mich erblicken
Zu den Füssen eines Weibes,
Ist denn das des Ruhmes Gipfel?
Ich die Knie' am Boden, ich
Mit vergnügtem Angesichte
Einer Kön'gin — wär' sie's auch
Vierfach selbst — die Hände küssen!
Lieber bring' mich in die Wildniss,
Denn ich sähe dort mich lieber
Kön'gin über Hirsch' und Bären,
Die sich mir zu Füssen schmiegen,
Als dass so ich Majestäten
Huld'ge, die der Lorbeer schmücket,
Nie beneidet und von Niemand,
Doch auf Eine neidisch immer.
Aber weil es besser ist,
Beifall spenden meinem Glücke,
Werd' ich dienen immerhin,
Weiss ich nur, dass Du es wünschest.

Thomas.

Von jeher liess mich Dein Sinn
Schlimmes Ende für Dich fürchten,
Hört' ich Deine wilden Reden.
Aber lerne Dich besiegen,
Da Du klug doch bist; seit heute
Steht vor Dir ein heller Spiegel
In der heil'gen Königin.
Spiegle Dich in ihm, und zügeln
Magst Du lernen die Gedanken.
Lern' von ihrer Tugendfülle,
Denn ich that, was ich gekonnt.
Sieh' Du selbst nun, was Dir nützet.
Einen Gott gibt's und Dein Vater
Bin ich, doch verläugnen würde
Ich mein Blut, wollt' es die Ehre,
Und dem Tod Dich überliefern. (Geht ab)

Zehnte Scene.

Carlos, Dionis. Anna.

Carlos. Jetzt ist sie allein.

Dionis. Dann geh'!

Carlos. Darf am Hof ich mich erkühnen,
Darf die Seele, die Dich liebt,
Ohne Furcht, sich zu versünd'gen
An der Wände Heiligthum,
Die uns glanzvoll hier umschliessen,
Sprechen, o verlor'ner Schatz,
Von den Seufzern, Dir gewidmet,
Von den Thränen, Dir geweint,
Seit Du, Sonne, fern geblieben?
Ohne Dich, o Anna, leb' ich
Nur im Dunkeln. Anders nimmer
Als die gelbe Sonnenblume,
Die, magnetengleich, im Blühen
Stets der Sonn' als Nordpol folgt,
Und verliert sie den, verblichen,
Welk und dürr zu Boden senkt
Grünes Laub und goldne Blüthen:
So leb' ich, an Deinem Anblick
Hangend, flücht'ge Augenblicke,
Selig, wenn ich schau'n Dich darf,
Sterb' als Blume mit dem Lichte,
Wenn Du fern, um aufzuleben,
Wenn ich wied'rum Dich erblicke.

Anna. Und darf ich, o edler Carlos,
Sagen Dir, wenn es geziemend
Strenger Würd' und Ehrbarkeit,
Solche Reden hier zu bieten,
Dass ich eine Flamme bin,
Glüh'nd in zweier Seufzer Mitte,
Die mit einem Hauch erlischt,
Mit dem andern sich entzündet?

Denn in Deiner Gegenwart
Leb' ich, und von Dir geschieden,
Ist das Feuer Asch' und Rauch,
Bis Dein Athem wieder zündend
Neu mir schenkt Licht, Seel' und Leben;
Bin die Flamme, die verglimmt,
Wenn Du fern, um aufzuleben,
Wenn ich wied'rum Dich erblicke.

Carlos.   Welcher Trost bleibt ihm, der so
Aus den Augen Dich verlieret,
Weiss er nicht zum wenigsten,
Dass Du sein gedenkest immer?

Anna.   Liebe nur, und hoff' und traue,
Denn ich denke Dein.

Carlos.   Zu fürchten
Bleibt dem immer, welcher liebt,
Zweifeln muss, wer einsam grübelt,
Und nicht trauen kann, wer kennt
Sein Verdienst als zu geringe.

Anna.   Liebe treu, wer da geliebt wird,
Hoffe, wer da Gunst geniesset,
Und vertraue, wer, wenn standhaft,
Seh'n wird den erstrebten Himmel.

Carlos.   Und wer ist geliebt denn?

Anna.   Carlos.

Carlos.   Wer in Gunst?

Anna.   Der meinen Willen
In der Hand hält.

Carlos.   Wer ist standhaft?

Anna.   Wer Unmögliches besieget.

Carlos.   Wie denn?

Anna.   Durch die Lieb' allein.

Carlos.   Sieh' mein Herz hier vor Dir, prüf' es!

Anna.	Nun, und liebt Dein Herz denn?
Carlos.	Ja.
Anna.	Wen?
Carlos.	Unehrerbietig zwinge Nicht zu reden mich, Du weisst es.
Anna.	Bist Du treu?
Carlos.	Stets meiner Liebe.
Anna.	Wirst nicht Andre lieben?
Carlos.	Niemals.
Anna.	Wem gehörst Du?
Carlos.	Dein für immer.
Anna.	Wer verbürgt es?
Carlos.	Diese Hand.
Anna.	Als Gemahl?
Carlos.	Ja, sag' ich sicher, Tausend Ja, mag auch mein Vater Andre Wahl in Frankreich wünschen, Bin ich jetzt in London doch.
Anna.	König und Königin kommen wieder.
Carlos.	Bis er Audienz mir gab, Ziemt sich's nicht, dass er mich siehet. Lebe wohl!
Anna.	Gott schirme Dich! — Unvermeidlich muss ich bitten Jetzt den König um die Hand. Wied'rum muss ich mich erniedrigt, Mit den Knie'n am Boden seh'n! Das soll Ruhm sein? Schmach nur ist es.

Elfte Scene.

Der König, Wolsey, die Königin, die Infantin, Damen. — Anna.

Anna (knieend). Reich' mir Eure Majestät
Gnädig ihre Hand, —

Der König, bestürzt, wie er Anna erblickt. Was seh' ich?
Himmel!

Anna. Wenn sie — —

Der König. Staunend steh' ich,

Anna. Solche Huld'gung nicht verschmäh't.

Der König. Wie mein Herz in Angst geräth!

Anna. Eine Sklavin — —

Königin. Mit Entzücken
Seh' ich Heinrich auf sie blicken,

Anna. Bin ich - —

Der König. Welche Pein mich drückt!

Anna. Anna Boleyn, hochbeglückt,
Denn ich bin zu Deinen Füssen.
Lass mich, Herr, die Hand Dir küssen.

Der König (bei Seite). Hat ein Zauber mich umstrickt?
Augen, seh't ihr wiederum
In der leeren Luft Gestalten?
Bleib' ich wieder vor dem alten
Wunderbaren Wahnbild stumm?
(Zu Wolsey.) Das ist ganz von heute Morgen
Meiner Seele Traumgesicht,
Doch jetzt schlaf' ich sicher nicht,
Wach bin ich, und fühl's mit Sorgen.
Wer bist Du? Wie heissest Du,
Weib, mit Götterreiz gezieret,
Dessen Schönheit tief mich rühret,
Während Angst mir nimmt die Ruh'?
Tageshell und nachtumdüstert
Machst Du, dass mir Freud' und Leid,

Mitleid und Herzlosigkeit,
Lieb' und Abscheu sich verschwistert;
Und so hin und her getrieben
Muss ich fürchten Dich und lieben.

Wolsey. Herr, verstell' Dich!

Der König (zu Wolsey). Falscher Schein
Tröstet nicht in solcher Pein.
Stehe auf, erhebe Dich,
Anna Boleyn, schönste, holde!
Will der Himmel strafen mich,
Dass ich Deiner Schönheit Golde
Nicht so hinzufall'n gewehrt,
Sei's Entschuld'gung, dass verstört
Ich erstarrt blieb in den Flammen
Und erglüht' in Eis und Schnee,
Doch das kann mich all zusammen
Nicht entschuld'gen, nur verdammen,
Denn zum ersten Mal nicht seh'
Ich, o Anna, Dich vor mir.
Steh' doch auf und knie' nicht hier!

Anna. Hebst Du mich in Deine Arme,
Werd' ich heilig Sonnenlicht
Küssen. Doch es strebe nicht
Höher aufwärts, wer dem Harme
Fern, zu Deinen Füssen ruht.
Glücklich hier und hoch in Ehre
(bei Seite.) — Ich ersticke fast vor Wuth! —
Tracht' ich nicht nach höh'rer Sphäre.

Der König. So voll Anmuth als bescheiden
Schuf der Himmel Dich.

Infantin. Beneiden
Könnt' ich ihr Umarmen, wäre
Nicht zu gross ich für den Neid.

Königin. Und ich glaub', vor Bangigkeit
Könnt' ich Eifersucht fast hegen,
Wüsste meine Lieb' davon.

Anna.   Seht, o Herrin, welchen Hohn
Meiner Lieb' Ihr bringt entgegen!

Der König.   Nicht der meinen. (bei Seite) Beide soll
Neid und Eifersucht wohl drücken,
Wenn sie, Anna, Dich erblicken,
Göttlich schön und anmuthvoll. (Geht ab.)

Margaret Pole.   Günst'ger Sterne hellster Schein
Leuchtet Deinem Einzug heute,
Beten will ich, dass voll Freude
So Dein Ausgang möge sein.